财务管理模拟实验教程

王晓欣 许春意 钱 红 主 编

东北林业大学出版社
Northeast Forestry University Press
·哈尔滨·

图书在版编目（CIP）数据

财务管理模拟实验教程/王晓欣,许春意,钱红主编.--哈尔滨:东北林业大学出版社,2024.3

ISBN 978-7-5674-3491-2

I.①财… Ⅱ.①王… ②许… ③钱… Ⅲ.①财务管理-实验-教材 Ⅳ.①F275-33

中国国家版本馆CIP数据核字(2024)第063317号

责任编辑：姚大彬

封面设计：郭　婷

出版发行：东北林业大学出版社

　　　　　　（哈尔滨市香坊区哈平六道街6号　邮编：150040）

印　　装：北京四海锦诚印刷技术有限公司

开　　本：787 mm×1092 mm　1/16

印　　张：14.125

字　　数：340千字

版　　次：2024年6月第1版

印　　次：2024年6月第1次印刷

书　　号：ISBN 978-7-5674-3491-2

定　　价：80.00元

说　明

　　《财务管理模拟实验》是建立在《基础会计》《市场营销》《税收概论》等课程理论教学基础上独立设置的实践教学课程，借助沙盘实训室，指导学生进行公司日常业务处理实践操作，旨在培养学生的财务管理实践能力。

　　北京科技大学天津学院在实训室已有课程配套的基础上，为满足企业财会人才需求、增强学生实践能力，结合管理学院实际情况，完善教学内容，将理论教学与实践操作无缝对接，并根据最新的会计准则修订了《财务管理模拟实验教程》。

　　本教程在编写过程中引用了相关资料与网络资源，在此向原著作权人表示衷心的感谢！由于诸多因素未能一一联系到原作者，如涉及版权等问题，恳请相关权利人及时与我们联系。

编　者
2023 年 11 月

目　　录

1　财务管理模拟实验概述

1.1　实验性质和任务

1.1.1　实验性质

本实验主要面向工商管理专业的学生，是一门将管理学原理、基础会计、财务管理、财务分析、市场营销等内容有机结合，涉及多领域的综合性课程。本实验适应管理类专业学生对财务管理知识的实践需求，着重培养学生为企业经营管理服务的前瞻性思想和系统性实践能力。通过模拟实验，学生可以进一步学习到 EXCEL 的数据处理功能，借助 EXCEL 处理财务管理过程中涉及的财务数据，提高财务决策的效率。学生通过计算机操作掌握利用 EXCEL 进行财务管理决策的技巧，并在学习过程中进一步加深对财务管理的认识。

1.1.2　实验任务

财务管理模拟实验将参加实验的同学分成若干组，每组若干人，每组各代表一家不同的虚拟公司，在这个训练中，每个小组的成员将分别担任公司中的一个重要职位（总经理、财务总监、销售部经理、采购与仓储部经理等）。每家公司都是同行业中的竞争对手，每组实验人员需要在同等基础条件下，继续经营发展一家企业，并且和其他企业（其他小组）激烈竞争，引导全体学员坚持发扬斗争精神。增强同学们的志气、骨气、底气，不怕压，知难而进、迎难而上，全力战胜模拟运营过程中的各种困难和挑战，依靠顽强斗争打开企业发展新天地。

1.2　实验特点

1.2.1　情景模拟，直观生动

财务管理模拟实验通过实物沙盘和电子沙盘模拟一个相互竞争、相互协作的市场环境，各小组通过完成市场竞单、产品研发、市场开拓、材料采购、加工生产、产品销售、编制报表等一系列企业运营业务，学生能够更形象、直观地理解企业经营的基本流程，尝试运用所学理论知识解决具体的经营问题，在此过程中获得真实直观的竞争、合作体验与运营经验。

1.2.2　综合性强，体现相关课程之间的关联性

财务管理模拟实验是一门综合性极强的实验课程，涵盖了企业战略管理、生产管理、质量管理、市场营销管理、财务管理、团队沟通等多门课程的知识，将复杂、抽象的经营管理理论通过沙盘模拟这一直观的形式表现出来，使学生体会到工作岗位对知识的需求，引导学生对所学知识进行回顾、梳理、综合并加以运用，增强了学生的学习动力。

1.2.3　有利于培养学生的团队合作精神和沟通能力

在财务管理模拟实验中，模拟企业中的每位学生分别扮演不同的角色，独立完成各自的工作职责，实现企业良性有序的运营。然而，企业各个部门的运转并不是独立的，而是相互联系、相互制约的，每个角色都需要了解其所在部门在企业中的作用，做好部门之间的协调工作，在制定经营策略时，需要从全局出发，统筹兼顾，综合平衡。当学生对企业经营活动持不同观点时，需要反复沟通、协调，只有小组内部各成员之间相互配合、协作，以企业总体最优为出发点，才能把企业经营好。在财务管理模拟实验过程中，可以增强学生的团队合作精神，提高其沟通技巧，并学会站在全局的高度考虑具体工作。

1.2.4　有利于培养学生的专业实践能力，提高综合素质

财务管理模拟实验通过体验式的教学模式，可以有效地培养学生的综合能力。例如，实验开始阶段，各组要进行企业设计，其中企业标识设计及经营理念、加油口号的设计可以锻炼学生的创新思维能力和文字能力，上台介绍可以锻炼学生的口头表达能力。实验进行过程中，各组要模拟六年的企业经营，其间涉及企业管理的方方面面，通过体验企业的经营流程，培养学生对企业内部与外部环境的了解，并对其变化做出敏锐的反应；培养学生制订企业发展战略，改善组织运营效率，增加组织价值，实现组织目标的能力；培养学生对数据的分析和运用，对风险的分析和控制，利用现代信息技术的能力。实验结束阶段，老师的讲评及各组代表的上台总结，可以使学生就六年企业经营中得到的经验及教训进行深入的思考，将理论与实践相联系，将所涉及的各门学科进行更好的对接，加深对理论知识的理解，提高学生的综合素质。

1.3　实验作用

1.3.1　树立共赢理念

市场竞争是激烈的，也是不可避免的，但竞争并不意味着你死我活。寻求与合作伙伴之间的双赢、共赢才是企业发展的长久之道。这就要求企业知己知彼，在市场分析、竞争对手分析上做足文章，在竞争中寻求合作，企业才会有无限的发展机遇。

1.3.2　全局观念与团队合作

通过财务管理模拟实验课程的学习，受训者可以深刻体会到团队协作精神的重要性。在企业运营过程中，每个岗位每个人都是至关重要的。在这里，每一个角色都要以企业总体最优为出发点，各司其职，相互协作，才能赢得竞争，实现自我。

1.3.3　保持诚信

诚信是一个企业的立足之本，发展之本。诚信原则在财务管理模拟实验过程中体现为对"实验规则"的遵守，如市场竞标规则、产能计算规则、生产设备购置，以及转产等具体业务的处理。保持诚信是受训者立足社会、发展自我的基本素质。实验过程中要树立学生对法律法规的敬畏之心，弘扬社会主义法治精神，传承中华优秀传统法律文化，引导全体学员做社会主义法治的忠实崇尚者、自觉遵守者、坚定捍卫者，努力使尊法学法守法用法在全社会蔚然成风。

1.3.4　个性与职业定位

每个个体因为拥有不同的个性而存在，这种个性在财务管理模拟实验过程中会彰显无遗。有的小组轰轰烈烈，有的小组稳扎稳打，还有的小组则不知何去何从。每个人的个性特点与角色胜任有一定关联度，在财务管理模拟实验过程中需要每个受训者向两弹一星之父邓稼先、铁人王进喜等先进模范学习，"干一行，爱一行，精一行"，牢固树立爱岗敬业的社会主义核心价值观。

1.3.5　哲学思维与军事理论的运用

哲学是基础，在财务管理模拟实验过程中，尤其是 CEO 的思维和战略决策中得到充分体现。例如，"中庸之道""全局观念""稳扎稳打，出奇制胜"都有了发挥的舞台。

1.3.6　感悟人生

在市场激烈竞争与企业经营风险面前，是"轻言放弃"还是"坚持到底"，这不仅是一个企业可能面临的问题，更是在人生中不断需要抉择的问题，经营自己的人生与经营一个企业具有一定的相通性。

1.4　实验环境

1.4.1　实验室布局

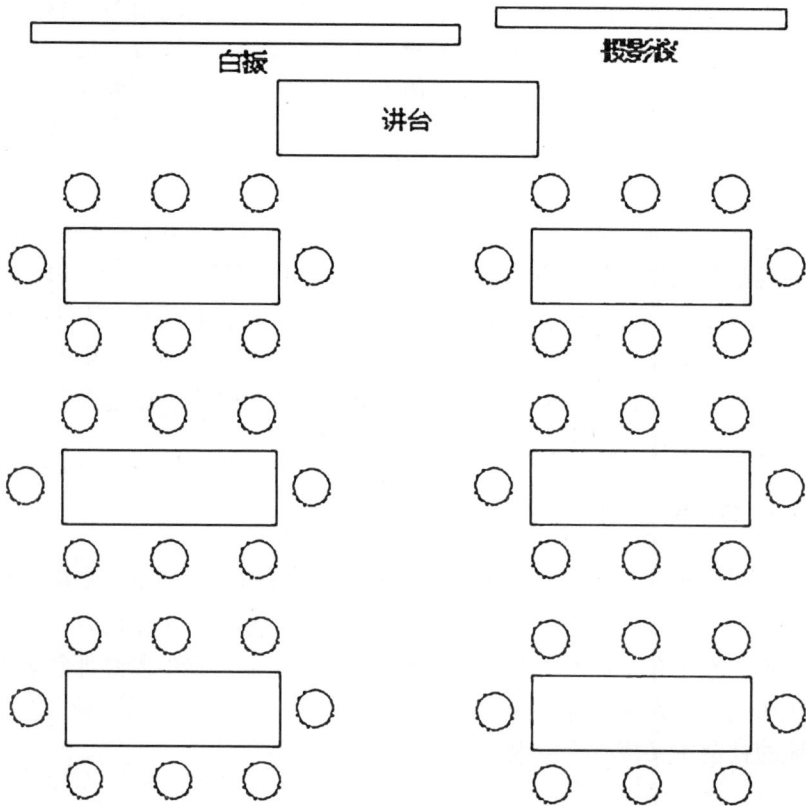

图 1.1　实验室布局图

1.4.2　模拟实验硬件

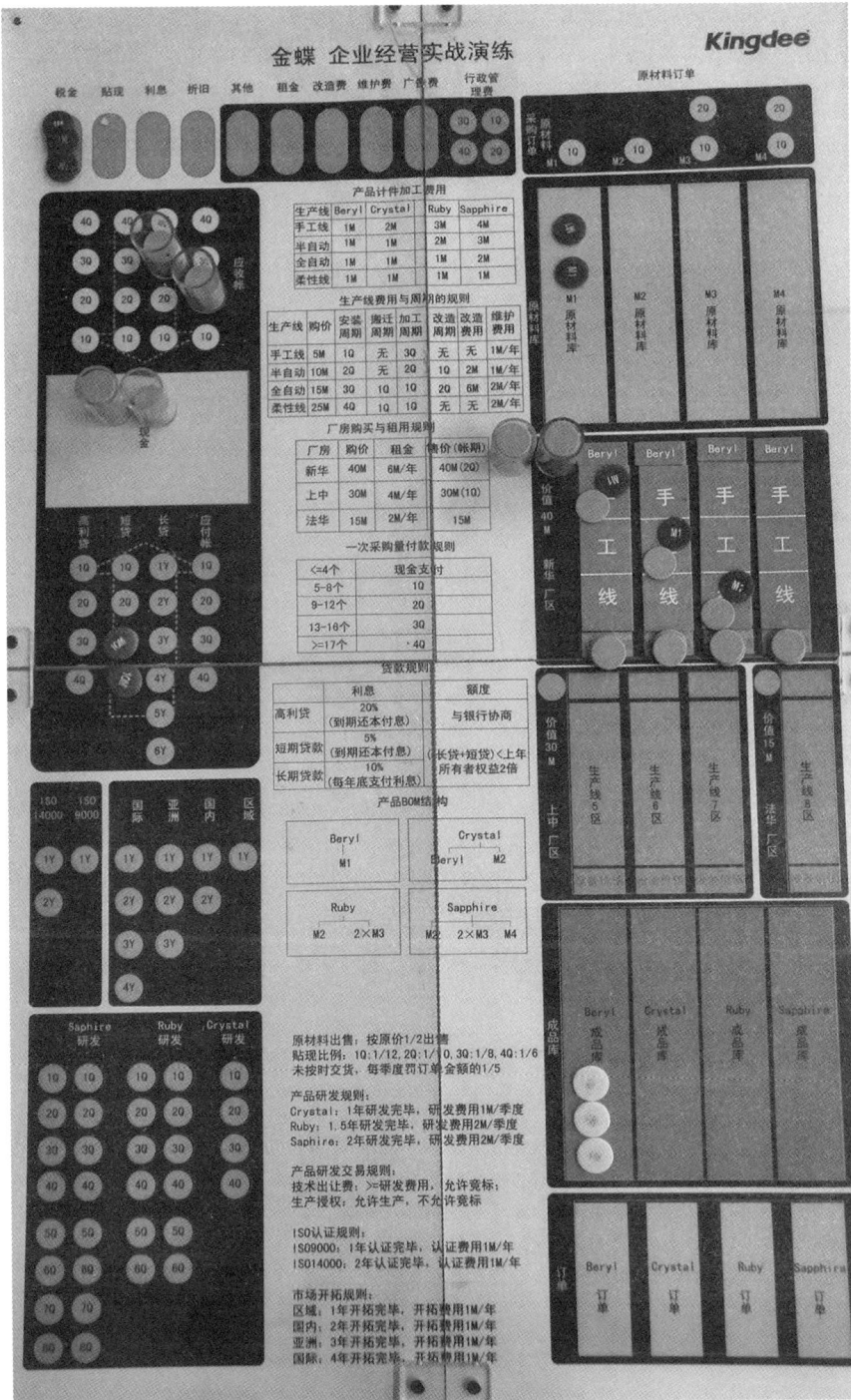

图 1.2　沙盘实物图

1. 4. 3　模拟实验软件

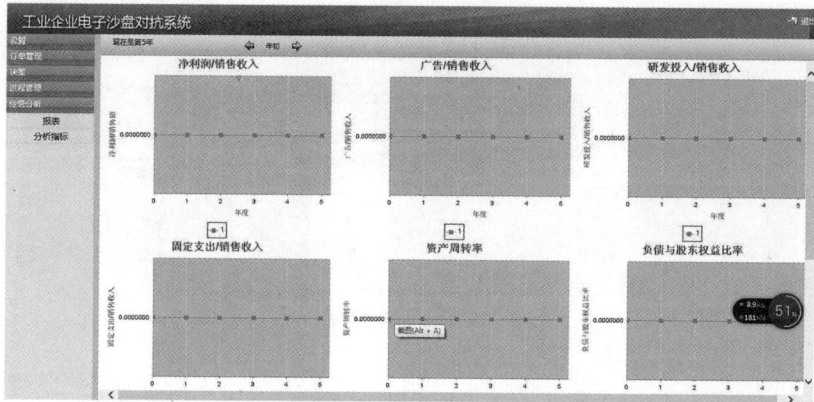

图 1. 3　沙盘软件图

1. 5　实　验　流　程

1. 5. 1　确定模拟公司成员岗位

　　学生以小组为单位建立模拟公司，注册公司名称，组建管理团队，参与模拟竞争。小组要根据每个成员的不同特点进行职能的分工，选举产生模拟企业的第一届总经理，确立组织目标。

　　在实验过程中可以选择与实际任职不同的职位，以体验换位思考。在课程进行的不同阶段，也可以互换角色，以熟悉不同职位的工作及流程。

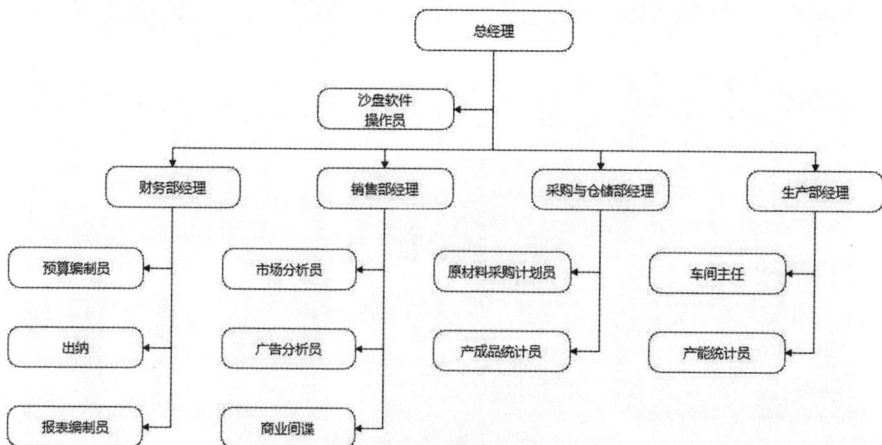

图 1. 4　岗位结构图

表 1.1 职能分工表

所属部门	岗位名称	职能分工
总经理	总经理	主持讨论公司经营战略的制定； 主持公司具体经营决策，在团队意见不一致时行使决定权； 控制经营流程。
	沙盘软件操作员	根据总经理的指令在沙盘软件中录入数据。
财务部	财务总监	掌控现金流，按需求同意支付各项费用、核算成本，按时报送财务报表并做好财务分析； 进行资金预算，采用经济有效的方式筹集资金，将资金成本控制在较低水平。
	报表编制员	编制每一年度的综合费用表、利润表、资产负债表。
	出纳	负责应收应付款、资金贴现、经营支出，及时缴纳每一年度各项费用。
	预算编制员	编制每一年度的资金预算表。
销售部	销售部经理	结合市场预测及客户需求，制订销售计划，有选择地进行广告投放，取得与企业生产能力相匹配的客户订单，与生产部门做好沟通，保证按时交货给客户，监督货款的回收，进行客户关系管理。
	市场分析员	分析市场预测表，提供未来公司产品在各个市场的预测信息。
	广告分析员	根据产能、市场预测信息和竞争对手的情况制定每年年初市场广告的投放策略。
	商业间谍	刺探竞争对手的信息。
采购与仓储部	采购与仓储经理	负责编制并实施采购供应计划，分析各种物资供应渠道及市场供求变化情况，力求从价格上、质量上把好第一关，确保在合适的时间点、采购合适的品种及数量的物资，为企业生产做好后勤保障。
	原材料采购计划员	根据各种原材料的订货提前期和生产节奏，合理确定原材料采购计划。
	产成品统计员	统计产成品数量，及时交付订单。
生产部	生产部经理	负责公司生产、安全、仓储、保卫及现场管理方面的工作，协调完成生产计划，维持生产低成本稳定运行，并处理好有关的外部工作关系； 生产计划的制订落实及生产和能源的调度控制，保将生产正常运行，及时交货； 组织新产品研发，扩充并改进生产设备，不断降低生产成本； 做好生产车间的现场管理，保证安全生产； 协调处理好有关外部工作关系。
	产能统计员	根据生产线的生产周期确定各条生产线每年每季度下线的产品数量和时间。
	车间主任	根据经营策略，确定生产线投资安装的开始时间以及完工可使用时间，安排产品上线生产。

1.5.2 经营环境分析

任何企业的战略，都是针对一定的环境条件制定的。财务管理模拟实验为模拟企业设置了全维的外部经营环境、内部运营参数和市场竞争规则。

进行环境分析的目的就是要努力从近期环境因素中所发生的重大事件里，找出对企业生存、发展前景具有较大影响的潜在因素，然后科学地预测其发展趋势，发现环境中蕴藏着的有利机会和主要威胁，制定对应策略。

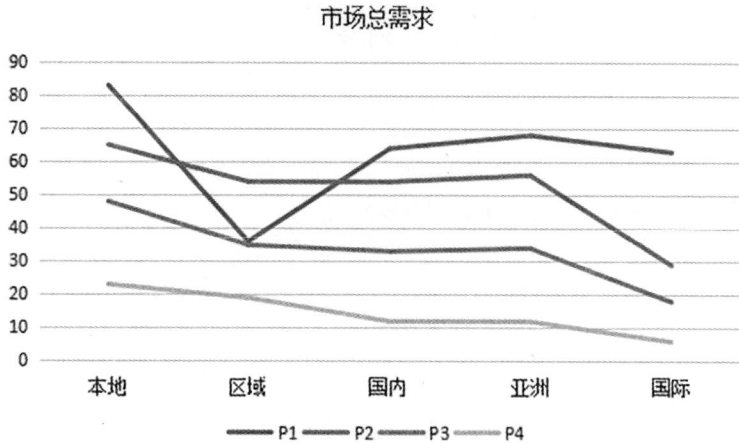

市场总需求

图 1.5 市场总容量图

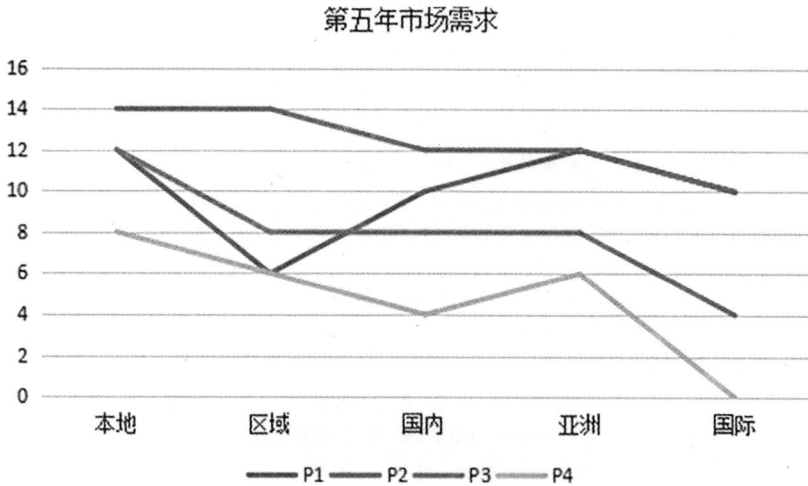

第五年市场需求

图 1.6 市场需求图

图 1.7   市场单价图

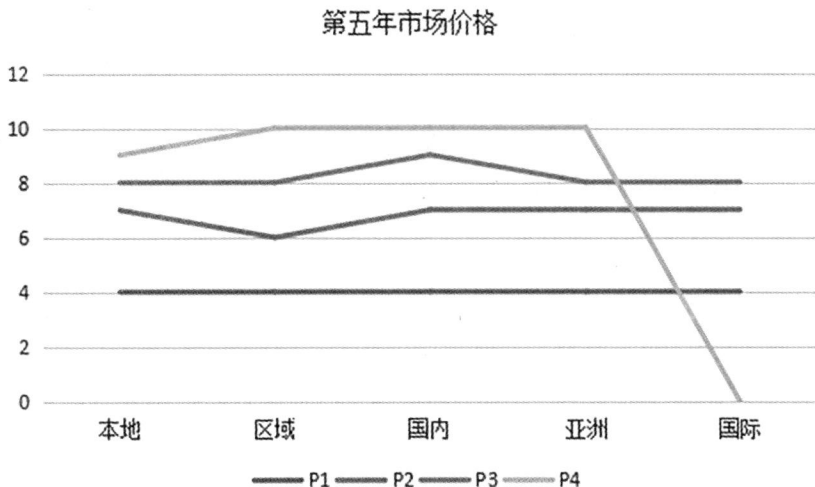

1.5.3   召开经营会议

各公司在总经理的领导下依据战略安排，做出本期经营决策，制定各项经营计划：融资计划、生产计划、厂房设备投资计划、采购计划、市场开发计划、市场营销方案等。

1.5.4   制定竞争战略

各"公司"根据自己对未来市场预测和市场调研，本着长期利润最大化的原则，制定、调整企业战略，战略内容包括：公司战略（大战略框架），新产品开发战略，投资战略，新市场进入战略，竞争战略。

1.5.5   根据经营计划配置内部资源

（1）进行恰当的负债融资；
（2）购买或租赁相应的厂房；
（3）购建恰当的生产设备；
（4）研发恰当的产品或组合；
（5）开拓适当的市场或组合；
（6）合理地安排原材料采购；
（7）合理地安排产品的生产；
（8）恰当的市场广告投放；
（9）争夺市场订单和完成订单。

1.5.6   财务报表填制

填制综合费用明细表、利润表、资产负债表等各类表格。

1.5.7　部门沟通交流

各公司在盘点经营业绩之后，围绕经营结果召开期末总结会议，认真反思本期各个经营环节的管理工作和策略安排，以及团队协作和计划执行的情况。总结经验，吸取教训，改进管理，提高学员对市场竞争的把握和对企业系统运营的认识，增强对管理职能的理解。期末总结之后，各小组总经理进行工作述职，以达到相互学习共同提高的培训目的。

1.6　模拟实验初始情况描述

1.6.1　初始模拟公司情况

在财务管理模拟实验过程中，每组成员组建好企业团队后，根据实验流程，均会接手一个运营良好、正常盈利的企业。企业概况如下：

28M 库存现金；20M 应收账款，其中第二期、第三期各 10M；3 个 Beryl 库存商品，价值 6M；3 个 Beryl 在制品，价值 6M，分别在手工生产线 1、手工生产线 2 和手工生产线 3 上。具体生产进度如下：

手工生产线 1：第一期

手工生产线 2：第二期

手工生产线 3：第三期

手工生产线 4：空闲

2 个 M1 原材料，价值 2M；2 个 M1 原材料订单；

已购买 A 厂房一栋，价值 40M，里面有 4 条手工生产线，每条净值 3M，合计 12M；短期借款 40M，其中第三期、第四期各 20M；应交税费 3M；具备本地市场准入资格和 Beryl 产品生产资格。

1.6.2　初始模拟公司财务状态

表 1.2　资产负债表（简表）

资产	期初数	负债及所有者权益	期初数
流动资产：		负债：	
库存现金	28	短期借款	40
应收账款	20	应付账款	
原材料	2	应交税费	3
库存商品	6	长期借款	
生产成本（在制品）	6		

续表

资产	期初数	负债及所有者权益	期初数
流动资产合计	62	负债合计	43
固定资产：		所有者权益：	
厂房	40	实收资本	60
设备	12	以前年度利润	4
在建工程		当年净利润	7
固定资产合计	52	所有者权益合计	71
资产总计	114	负债及所有者权益总计	114

1.6.3　模拟实验市场需求表

表 1.3　市场需求表

		Beryl		Crystal		Ruby		Sapphire	
		需求	价格	需求	价格	需求	价格	需求	价格
第一年	本地	10	5	0	0	0	0	0	0
	区域	8	5	0	0	0	0	0	0
	国内	6	5	0	0	0	0	0	0
	亚洲	4	5	0	0	0	0	0	0
	国际	0	0	0	0	0	0	0	0
第二年	本地	20	5	7	6	5	7	0	0
	区域	7	5	10	7	3	8	0	0
	国内	13	5	8	8	3	9	0	0
	亚洲	13	5	7	7	3	8	0	0
	国际	16	5	3	7	2	8	0	0
第三年	本地	18	5	14	8	7	9	0	0
	区域	6	5	11	8	6	9	0	0
	国内	14	5	12	8	5	9	0	0
	亚洲	16	5	14	7	6	8	0	0
	国际	15	5	2	7	2	8	0	0
第四年	本地	15	5	16	8	8	9	5	10
	区域	5	5	11	8	8	9	5	10
	国内	13	5	12	8	7	9	0	0
	亚洲	15	5	13	7	7	9	0	0
	国际	14	5	4	7	2	8	0	0

续表

		Beryl		Crystal		Ruby		Sapphire	
		需求	价格	需求	价格	需求	价格	需求	价格
第五年	本地	12	4	14	7	12	8	8	9
	区域	6	4	14	6	8	8	6	10
	国内	10	4	12	7	8	9	4	10
	亚洲	12	4	12	7	8	8	6	10
	国际	10	4	10	7	4	8	0	0
第六年	本地	8	4	14	7	16	8	10	9
	区域	4	4	8	6	10	8	8	10
	国内	8	4	10	6	10	8	8	9
	亚洲	8	4	10	7	10	9	6	10
	国际	8	4	10	7	8	8	6	9

2　财务管理模拟实验规则解读

2.1　道具介绍

灰币：表示现金、应收账款、厂房和设备价值。

红币：表示负债（应付账款、短期借款、长期借款、应交税费）。

黄币：表示产品（区分 Beryl、Crystal、Ruby、Sapphire 四种产品，可以用 P1、P2、P3、P4 代替）。

蓝币：表示原材料（区分 M1、M2、M3、M4 四种原材料）。

2.2　采购类规则

模拟实验过程中需要用到的原材料有 4 种：M1，M2，M3，M4，采购原材料必须先下订单，原材料价格和采购提前期如表 2.1 所示，具体包括以下采购规则：

（1）不同种类的原材料购买价格相同，均为 1M/个；

（2）M1，M2 采购提前期为一个季度，M3，M4 采购提前期为两个季度；

（3）已下订单的原材料到达企业时，必须全部入库付款；

（4）原材料入库时支付原材料购买费用；

（5）原材料不足时，可紧急采购，其价格是原价的两倍；

（6）库存商品不足时，也可紧急采购，其价格是成本价的三倍。

表 2.1　原材料采购规则表

原材料名称	原材料购买价格	原材料提前下单期
M1	1M/个	一个季度
M2	1M/个	一个季度
M3	1M/个	两个季度
M4	1M/个	两个季度

2.3　生产类规则

2.3.1　厂房规则

企业生产需要相应的厂房来安置生产线。模拟实验中设置 A（新华厂区）、B（上中厂区）、C（法华厂区）三种厂房，可以选择租赁或者购买，具体规则如表 2.2 所示：

表 2.2　厂房规则表

厂房	购买价格	租金	出售价格	容量
A（新华厂区）	40M	6M/年	40M（4Q）	4 条生产线
B（上中厂区）	30M	4M/年	30M（4Q）	3 条生产线
C（法华厂区）	15M	2M/年	15M（4Q）	1 条生产线

（1）企业可购买各种厂房各一个，亦可租用；

（2）企业每个季度都有一次购买厂房的机会，厂房购买后在使用过程中不计提折旧，价值也不发生变化；

（3）企业可随时出售已经购买的厂房，出售价格与购买价格相等，但不能及时获得相应的现金，只能得到相应金额的四个账期应收账款。企业如需现金，必须贴现；

（4）已经购买的厂房出售后，若厂房内有生产线，即在当季转为租赁，并支付相应的租金，不影响生产线的使用；

（5）厂房租赁以年为单位，在租赁的当季支付一年的租金，次年的同一季度再支付下一年度的租金；

（6）在新的厂房建设生产线时，可先购买该厂房然后投资建设生产线；也可直接租厂房建设生产线，并在当季支付相应的租金；

（7）企业可购买已租用的厂房，购买后不再需要支付租金。

2.3.2　生产线规则

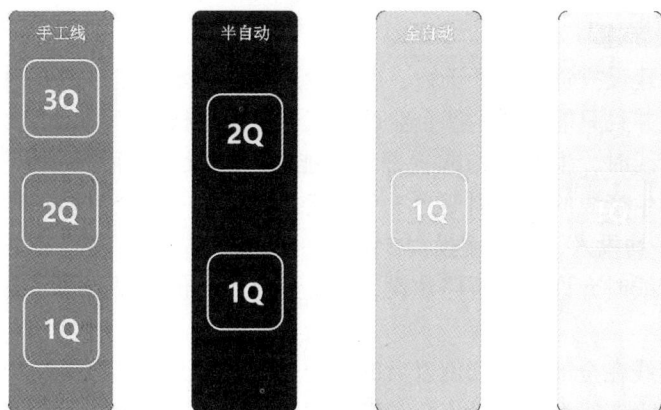

图 2.1　生产线图示

（1）生产线类型

财务管理模拟实验中有四种不同的生产线：手工生产线、半自动生产线、全自动生产线和柔性生产线，它们在购置费用、安装周期、生产效率、生产的灵活性上均有差异，各具特点，如表 2.3 所示：

表 2.3　生产线类型

生产线	购置费	安装周期	生产周期	转产费	转产周期	维修费	残值
手工生产线	5M	1Q	3Q	无	无	1M	1M
半自动生产线	10M	2Q	2Q	1M	1Q	1M	2M
全自动生产线	15M	3Q	1Q	2M	1Q	1M	3M
柔性生产线	20M	4Q	1Q	无	无	1M	4M

①手工生产线。一种低技术含量的生产线，它的优点是生产灵活性好，在同一条生产线上生产不同产品时不需要转产，新建手工生产线时安装周期短，且购置费用低；缺陷是生产周期长，生产效率低下，每条手工生产线一年的生产能力只有 4/3 个产品。

②半自动生产线。这类生产线的购置费用、生产周期、安装周期都居中，比手工生产线高，但比全自动生产线和柔性生产线低。同时，其生产的灵活性差，同一条半自动线生产不同的产品时，需要一定的时间和费用进行转产。

③全自动生产线。一种高效率的先进生产线。这种生产线最大的优点是生产周期短、生产效率高，一条全自动生产线年产量达到 4 个。但是购置费用高，安装程序也复杂，需要的安装周期也较半自动生产线长。全自动生产线灵活性也不强，同一条生产线生产不同的产品时也需要一定的时间和费用进行转产。

④柔性生产线。一种灵活的高效率生产线。这种生产线的生产效率与全自动生产线

相同，且具有很强的灵活性，与手工生产线一样，同一条柔性生产线上生产不同的产品时，也不需要转产。正因为如此，它比全自动生产线的购置费用更高，安装周期也更长。

（2）生产线新建

①生产线的建设投资按季度进行，所有生产线在开始新建时需要确定该生产线上生产的产品种类，并且只能选择生产企业已经获得生产资格的产品。

②新建生产线时，生产线的购置费用不能一次性投入，而是按其安装周期平均投入。例如全自动生产线的安装周期为3个季度，则新建一条全自动生产线时，其购置费用15M分3次平均投入，每季度投资5M。

③新建生产线时允许中途暂停建设，恢复建设后，仍需要按季完成全部投资方可投入使用。

④新建生产线在全部资金到位以后的下个季度可以开始上线生产产品。

⑤即使新建生产线全部建设资金都已到位，仍然可以让生产线保持在建状态。

（3）生产线转产

手工生产线和柔性生产线本身具有很好的灵活性，产品下线之后，可随时更换下一批生产的产品种类，不需要进行转产操作。但半自动生产线和全自动生产线则需要一定的时间和费用进行转产。要对某条生产线进行转产时，该条生产线必须处于空闲状态。

例如，企业欲将一条生产 Beryl 产品的半自动生产线转为生产 Crystal。本年第二季度该半自动生产线上的 Beryl 产品下线后，让其处于空闲状态后支付1M费用可立即转产，第三季度便可上线生产 Crystal 产品。若是全自动生产线进行转产，支付的转产费用是2M，同时也需要停产一个季度。

（4）生产线维护

①生产线建成之后需要进行维护，无论是生产中的生产线，还是转产中或是停产中的生产线，都要交维护费。

②四种不同类型生产线的维护费用相同，每条生产线每年都需要1M的维护费用，年底用现金支付。

③年末尚在建设中的生产线不需要交纳维护费。

④年内卖掉的生产线，当年不再需要交纳维护费。

（5）生产线出售

①出售生产线时，该生产线应处于空闲状态，生产线上有产品时不能出售。

②无论何时出售生产线，其出售价格均为该生产线的残值，可以现金形式获得。生产线净值大于残值时，其差额作为损失计入利润表的损失项。

③生产线可出售，但不允许在不同厂房间移动。

（6）生产线折旧

生产线作为企业的固定资产需要计提折旧。模拟实验中的生产线折旧规则如表2.4所示：

表 2.4　生产线折旧规则表

生产线	购置费	残值	建成第一年	建成第二年	建成第三年	建成第四年	建成第五年
手工生产线	5M	1M	0	1M	1M	1M	1M
半自动生产线	10M	2M	0	2M	2M	2M	2M
全自动生产线	15M	3M	0	3M	3M	3M	3M
柔性生产线	20M	4M	0	4M	4M	4M	4M

①生产线建成当年不计提折旧，从建成第二年开始计提折旧，共计提 4 年，从建成第六年开始不再计提折旧。

②生产线按平均年限法进行折旧，建成当年不折旧。从建成第二年开始，每年计提该生产线原值扣除残值后的 1/4 作为折旧费用。

③各类生产线折旧完成后，其残值为该生产线原值的 1/5。

④生产线建成的第六年开始虽然不再计提折旧，但不影响生产线的继续使用，其使用功能不变。

2.3.3　新产品研发规则

企业生产 P 系列产品，按技术含量的高低，分别为 Beryl、Crystal、Ruby 和 Sapphire，其研发的时间和投入的资金也随技术含量的高低递增，如表 2.5 所示：

表 2.5　新产品研发规则表

产品名称	Beryl	Crystal	Ruby	Sapphire
研发周期	2Q	4Q	6Q	6Q
研发费用	2M	4M	6M	12M

（1）各种产品可以同时研发。

（2）研发费用按研发周期平均支付，不得加速研发。

（3）研发可中断，也可终止。若中断后继续研发，仍需投入满足要求的周期和费用。

（4）某产品研发费用全部到位后，下季度即可生产该产品。

2.3.4　产品构成及直接成本规则

企业生产不同的产品，需要不同的原材料，模拟实验中各产品的原材料构成如图 2.2 所示：

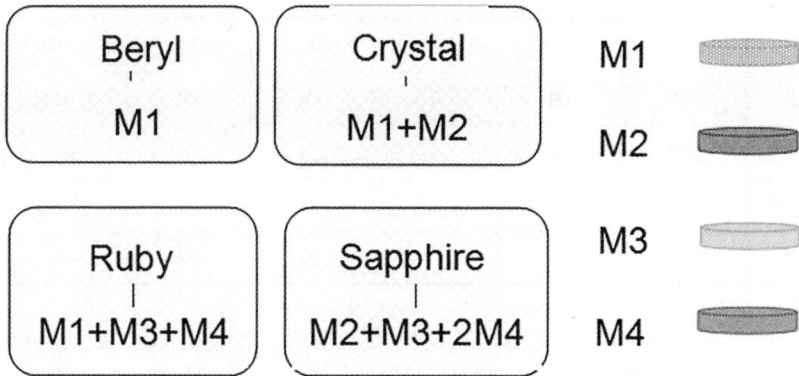

图2.2 各类产品所需原材料构成图

（1）产品的直接生产成本等于原材料成本加上产品加工费。

（2）产品上线时，同时支付加工费。

（3）不同生产线生产效率不同，但加工费相同，无论是在哪种生产线上生产哪种产品，加工费都是1M/每个。

2.4 销售类规则

2.4.1 市场规则

图2.3 市场区域图

企业决定进入新的市场时，需要做好市场调研、渠道建设等一系列工作，这些工作既需要时间，也需要资金。只有完成市场开发各项工作之后，企业才有可能进入该市场销售产品。财务管理模拟实验中有本地市场、区域市场、国内市场、亚洲市场和国际市场五个市场，如图2.3所示。各市场开发所需要的时间和资金与其开发的难度相关，具体如表2.6所示：

表2.6 市场准入规则表

市场名称	市场开发费用	市场开发时间
本地市场	1M	1年
区域市场	1M	1年
国内市场	2M	2年
亚洲市场	3M	3年
国际市场	4M	4年

各市场开发费用按开发时间在年末平均支付，某市场开拓费用全部到位后即可获得该市场准入资格，次年年初可以竞争该市场的订单。市场开发中途可以暂停，但不允许加速投资。一旦市场开发完成，不再继续交开发费用，即使中断该市场的销售，也将继续拥有市场准入资格并在以后年份继续使用。

2.4.2　ISO 资格认证

企业进行 ISO 认证需要一定的时间并投入一定的费用，具体如表 2.7 所示：

表 2.7　ISO 资格认证规则表

ISO 资格标准	ISO 9000	ISO 14000
资格认证时间	2 年	2 年
资格认证费用	1M/年	2M/年

（1）两种 ISO 认证可同时投资。

（2）认证完成之后，不再继续缴纳认证费用，可长期使用。

（3）质量认证（ISO 9000）和环境认证（ISO 14000）均需两年完成，可以中断认证，也可以终止认证。

（4）各资格认证按认证时间在年末平均支付，在 ISO 资格认证资金全部支付后，可取得相对应的认证资格。

2.4.3　订单规则

（1）市场订单介绍

一张普通的市场订单如图 2.4 所示，通常包括产品订单编号、数量、交货期、账期、ISO 资格要求、销售金额等要素。

订单编号：本 2-1-1

总价：20M

数量　交货期　账期　ISO

2　　3　　2

图 2.4　市场订单图示

①订单编号。图 2-4 中的订单编号为本 2-1-1，分别代表市场、年份、产品种类及该市场订单张数。具体来说，其中"本"为本地市场，"2"指第 2 年，第一个"1"指 Beryl 产品，第二个"1"代表第 2 年本地 Beryl 市场第 1 张订单。

②产品数量。订单上的产品数量规定了该订单交货数量，按订单交货时，须一次性交够该张订单要求的全部产品数量。否则整张订单作违约处理。

③交货期。交货期规定了该张订单在本年度的第几季度交货，通常情况下不能提前交货。

④账期。大多数情况下，企业销售产品时不能及时获得现金，而是获得有一定账期的应收账款。销售订单上的账期即表示该张订单交货时的销售收入为第几期应收账款。

例如，某张订单交货期为 2Q，账期为 3，则这张订单在本年度第二季度交货时，销售款为第三期应收账款，该销售款可在次年的第一季度收现。如账期为零，则交货时可及时收取现金。

⑤ISO 资格要求。市场上某些客户可能对产品有较高的质量要求，因此某些订单要求企业完成相应的企业认证。财务管理模拟实验中的企业认证有 ISO 9000 和 ISO 14000 两种，未取得订单要求的 ISO 资格的企业不能接受此类订单。

⑥销售金额。即该张订单销售时所获得的总收入。

图 2-4 所示订单交货数量为 2 个，交货期为第三季度，销售收入为二期应收账款，销售总收入为 20M，该订单没有 ISO 资格要求。

（2）选单机会

财务管理模拟实验中，企业经营活动的最大特征是"以单定销"，选取订单是企业销售的前提。每年年初企业将有一次广告投放机会，这是获得本年度市场订单的基础。广告投放与订单选择机会具体包括以下规则：

①广告投放按细分市场进行，企业只有在某个细分市场上投放了广告，才能获得该细分市场的选单机会，获得一次选单机会至少要投放 1M 广告。

②企业在某细分市场选单机会的次数由它在该细分市场投放广告的金额决定。如企业在某细分市场投放广告少于 3M，则只有一次选单机会；若在该细分市场广告投放额达到 3M，则可以获得 2 次选单机会；若广告费为 5M 则有 3 次选单机会。以此类推，企业每多投放 2M 广告，可获得多一次的选单机会。

③如果企业投放了足够多的广告费，并实际获得多次选单机会，但企业已经获得足够多的订单，或者剩余订单不适合企业时，可放弃选单机会，放弃选单机会不退还广告费。

④企业投放广告多少只表明选单的可能性，并不代表实际可以选到这么多张订单。如果该细分市场订单数量有限，企业实际能获得的选单次数会少于广告投入金额所对应的选单次数。例如，某企业在区域 Crystal 市场投放 4M 广告费，可有 2 次选取区域 Crystal 市场订单的机会。而该年度区域 Crystal 市场有订单 5 张，共有 6 个企业在该细分市场投放了广告，实际选单时没有企业放弃选单权利，该企业在区域 Crystal 市场实际获得的选单机会只有一次，在 6 个投放 Crystal 区域市场广告的企业中，排名在最后的一家甚至一次选单机会都没有。

（3）选单排序规则

当有多个企业在同一细分市场投放了广告时，企业要按一定的顺序轮流选单，排在第一位的企业优先选单，然后轮到排在后一位的企业，每次可选一张订单。如果第一轮选单结束后还有订单剩余，在该细分市场投放广告在 3M 以上的企业可获得第二轮选单机会，以此类推，直到该细分市场的订单全部被选完，或者所有投放广告的企业的选单机会全部用完。确定订单选择顺序应遵循以下具体规则：

①优先选单权。如果实验过程中设置了市场老大，则上一年某市场的老大下一年在该市场拥有优先选单权。所谓市场老大是指某市场销售额最大的企业。例如，某企业第三年在区域市场的销售额比其他企业都多，则为本年度区域市场老大，第四年年初的订

货会上拥有区域市场上的优先选单权，无论其他企业广告投放额有多少，在区域市场的四个细分市场上，只要该企业有广告投放，都是第一个选单。

市场老大是按市场（如本地市场老大、区域市场老大等）计算的，是比较该市场所有产品销售额之和，而不是单个品种产品的销售额。一旦成为某个市场的老大，下一年度企业在这个市场上所有投放了广告的产品上都拥有优先选单权。但市场老大不是固定不变的，企业即使在某个市场拥有了老大地位，如果不能维持在该市场销售额最大，则会失去市场老大的资格。

②广告投放额。当某个市场上一年度没有销售额，无法确定市场老大时，则按广告投放额的多少来确定选单顺序。在确立了市场老大的市场中，没有获得老大资格的企业选单顺序亦是按广告投放额的多少来排序的。如果系统没有设置市场老大规则，所有企业选单顺序都直接由广告投放额多少来决定。

③本市场广告投放总额。如果两个或两个以上企业均不是市场老大，在某细分市场投放的广告额又相同，则按它们在该市场投放广告的总额来决定选单顺序。表2.8的企业A和企业B在第二年本地市场上的广告投放情况，两企业第一年均不是本地市场的老大，本年度在本地市场 Crystal 的广告投放额相同，但由于A企业在本地市场广告投放总额为6M，大于B企业在本地市场的广告投放总额5M，所以在国内市场 Crystal 选单时，A企业排在B企业的前面。

表 2.8　第二年企业 A 与企业 B 本地市场广告投放情况

	Beryl	Crystal	Ruby	Sapphire	广告费合计
A 企业	0M	2M	2M	2M	6M
B 企业	1M	2M	1M	1M	5M

④所有市场广告费总额。如果两个不具备市场老大资格的企业不仅在某细分市场上广告投放额相同，而且在该市场投放广告的总额也一样，其选单顺序的排列则由它们所有市场广告费总额决定，所有市场广告费总额大的排在前，所有市场广告费总额小的排在后。

表2.9和表2.10分别是企业A与企业B第二年区域市场广告投放情况和第二年所有市场广告投放总额情况，两企业第二年区域市场 Ruby 的广告投放额均为2M，在区域市场的广告投放总额也都是6M。但由于A企业第二年所有市场广告费总额小于B企业第二年所有市场广告费总额，因此，第二年区域 Ruby 选单时B企业排在A企业之前。

表 2.9　第二年企业 A 与企业 B 区域市场广告投放情况

	Beryl	Crystal	Ruby	Sapphire	广告费合计
A 企业	0M	1M	2M	3M	6M
B 企业	1M	2M	2M	1M	6M

表 2.10　第二年企业 A 与企业 B 所有市场广告费总额投放情况

企业	所有市场广告费总额
A 企业	16M
B 企业	20M

⑤广告投放确认时间。如果两个企业在上述各项指标上都完全一样，无论是从细分市场广告费，还是从该市场广告投放总额，或者从所有市场广告费总额都无法排出先后顺序时，最后则由企业在电子盘面的广告投放确认时间来确定选单的先后顺序，广告投放确认早的排在前，确认晚的排在后。

（4）订单交货及违约处罚规则

①订单必须在规定时间交货，通常情况下不能提前交货。

②不能按时交货按违约处理，收回订单并按订单金额的 1/5 扣违约金。若违约金不是整数，向下取整，作为损失计入利润表的损失项。

③如果企业在违约订单所在市场销售额最高，本应获得的市场老大资格也因违约行为而取消。

2.5　财务类规则

资金是企业一切经营活动的基础。财务管理模拟实验中企业主要的筹资渠道有长期借款、短期借款、应收账款贴现、出售库存等，其规则如表 2.11 所示：

表 2.11　筹资渠道一览表

筹资类型	筹资时间	筹资额度	筹资利率	备注
长期借款	每年年初	所有长短贷之和不超过上一年度权益的 3 倍	10%	年初付息，到期还本，借款金额为 10 的倍数
短期借款	每季度初		5%	到期一次还本付息，借款金额为 20 的倍数
应收账款贴现	随时	不超过应收账款剩余金额	10%（1 季度，2 季度），12.5%（3 季度，4 季度）	变现时贴息
出售库存		不超过原材料剩余数量	20%	出售时扣除损失

2.5.1　借款规则

（1）企业申请借款有总额度的限制，且与企业的所有者权益直接相关。企业可自主决定申请借入长期借款或是短期借款。但无论以哪种方式借款，两种借款金额之和加上现有借款总额不得超过上一年末该企业所有者权益的 3 倍。

（2）每年年初可申请长期借款，每次申请的长期借款应为 10 的倍数。

（3）每季度初可申请短期借款，每次申请的短期借款应为 20 的倍数。

（4）长期借款期限为 2~5 年；短期借款期限为 1~4 个季度。

（5）长期借款借入当年不付利息，从第二年开始，每年年初按 10% 的年利率支付利息。到期还本时，仍需要支付最后一期利息。

（6）短期借款在借款到期时，一次性还本付息。

（7）长期借款和短期借款均不可提前还款。

2.5.2 应收账款贴现规则

应收账款是由企业出售厂房和产品形成的。如企业现金不足，可通过贴现业务将未到期的应收账款转化为现金，具体包括以下规则：

（1）进行贴现业务时，需要扣除一定的贴现费用。第一期和第二期应收账款贴现率为 10%；第三期和第四期的贴现率为 12.5%。

（2）只要企业有应收账款，随时可贴现。

（3）相同账期的应收账款可以合并贴现，不同账期的应收账款不能合并贴现。

（4）企业贴现某期应收账款时，可以只贴现其中一部分，不必全部贴现。

2.5.3 库存出售规则

（1）企业可以随时向系统出售原材料以获取现金。

（2）原材料出售价格为其原价的 8 折。若出售库存所得不是整数，向下取整。原价与出售价格的差额计入损失。

（3）不同种类的原材料出售时合并计算其出售价格。

2.5.4 管理费用

无论企业有没有生产、销售活动，都必须支付管理费用。管理费用按季支付，每季度为 1M。

2.5.5 企业所得税

企业所得税税率为 25%。如果前期有亏损，在扭亏为盈时，允许用税前利润抵扣前 5 年内的亏损后再缴纳企业所得税。

表 2.12　某企业前四年税前利润与所得税费用情况表

年份	税前利润	本年可抵扣额	所得税费用	下年抵扣额
第一年	−100M	0	0	100M
第二年	−50M	100M	0	150M
第三年	100M	150M	0	50M
第四年	150M	50M	25M	0

2.5.6 取整规则

财务管理模拟实验过程中计量单位均保持整数，在一些特殊的情况下出现小数时，按以下规则取整：

(1) 违约金扣除——向下取整。

(2) 出售库存所得现金——向下取整。

(3) 贴现费用——向上取整。

(4) 计算企业所得税——向下取整。

2.5.7 破产规则

(1) 企业在经营过程中现金流出现断流

企业在经营过程中现金流出现断流，也就是说企业已经没有足够的资金支付必须以现金方式支付的费用。

(2) 企业在年末结账时所有者权益为负数

只有年末结账时所有者权益为负时才能宣布企业破产，在一年的经营过程中即使所有者权益暂时性为负时，企业不破产。

3 财务管理模拟实验引导

3.1 教学引导的基本规划

3.1.1 认识经营流程表

表 3.1 经营流程表

序号		操作步骤	第1年			
			1Q	2Q	3Q	4Q
年初 7项	1	新年度规划会议				
	2	投放广告费				
	3	参加订货会议/登记订单				
	4	支付应付税款				
	5	支付长期借款利息				
	6	更新"长期借款/长期借款还款"				
	7	申请长期借款				
季中 22项	1	季初盘点				
	2	更新"短期借款/短期借款还本付息"				
	3	申请短期借款				
	4	原材料入库/更新原料订单				
	5	下原料订单				
	6	购买/租用厂房				
	7	更新生产/完工入库				
	8	新建/在建/转产/变卖生产线				
	9	开始下一批生产				
	10	更新"应收账款/应收账款收现"				
	11	按订单交货				
	12	产品研发投资				
	13	厂房出售（买转租）/退租/租转买				

续表 3.1

序号		操作步骤	第 1 年			
			1Q	2Q	3Q	4Q
季中 22 项	14	支付管理费/更新厂房租金				
	15	新市场开拓/ISO 投资				
	16	紧急采购（随时）				
	17	出售库存（随时）				
	18	应收账款贴现（随时）				
	19	其他支出				
	20	现金收入合计				
	21	现金支出合计				
	22	季末对账（1+21-22）				
年末 5 项	1	缴纳违约订单罚款				
	2	支付设备维护费				
	3	计提折旧				
	4	新市场/ISO 换证				
	5	结账				

经营流程表的基本结构分为两个部分，现分别介绍：

（1）左列是操作步骤，说明每一流程的工作内容，中间用"/"分隔开。手工流程的基本原则是"从上到下，从左到右，不能跳"，意思是各项工作总的顺序是上行工作做完才能做下行工作；每一行有多个工作时，左面的工作做完才能做右面的工作；不能跳着打乱顺序做工作。

（2）右列是经营年度和年度内的经营季度，用数字 1Q-4Q 表示 1 年中的 4 个季度，其中白色空格表示这个流程的工作这个季度可以选择做，灰色空格表示这个流程的工作这个季度不能做。

（3）在引导流程中，各部门人员要在经营流程表上做好标记："×"表示这个工作不做，"√"表示这个工作已经做过，负号加金额如"-1"表示现金流出，正号加金额如"+1"表示现金流入。建议用铅笔做记录，写错便于修改。

（4）硬件沙盘台面需要的教具整理和准备到位，其中在塑料教具盘上准备好足够的灰币、彩币和标记牌，教具盘代表银行、供货商、代理商、税务部门、市场监管者等企业外部环境。

（5）电子沙盘进入软件系统，修改密码和团队成员姓名后，准备引导年的操作。建议软件系统固定一个人操作。

3.1.2 引导年规划

（1）战略目标：不破产，成为市场竞争的追随者；

（2）产品：研发 Crystal 产品；

（3）市场：开拓区域市场；

（4）ISO 研发：认证 ISO9000；

（5）厂房：购买 B 厂房；

（6）生产线：购买一条半自动生产线；

（7）筹资：第一年初借 100M 长期借款，5 年期；

（8）广告：第一年对本地市场 Beryl 产品投 1M 广告。

3.2 流程引导

3.2.1 第 1 年第 1 季

（1）年初 7 项

新年度规划会议：在实验报告总经理用表上记录会议内容，如图 3.1 所示；然后在经营流程表上记录"√"，如表 3.2 所示。

一、年度会议记录

1、第 1 年

销售部门：在本地市场对 P1 产品投放 1M 广告费；

开拓区域市场。

生产部门：购买 B 厂房和一条半自动生产线，全面生产；

研发 P2 产品。

采购部门：针对生产计划，提前准备原材料供应。

财务部门：做好各项支出预算，保证充足现金流。

图 3.1

表 3.2 经营流程表

序号		操作步骤	第 1 年			
			1Q	2Q	3Q	4Q
年初 7 项	1	新年度规划会议	√			
	2	投放广告费				
	3	参加订货会议/登记订单				
	4	支付应付税款				
	5	支付长期借款利息				
	6	更新"长期借款/长期借款还款"				
	7	申请长期借款				

投放广告费：在实验报告销售部门第 1 年广告费登记表上记录广告投放情况，如表 3.3 所示；从现金库取出 1M 灰色币放在沙盘桌面的广告费位置，如图 3.2 所示；然后在经营流程表上记录"−1"，如表 3.4 所示。

表 3.3　第 1 年广告费登记表

本地		区域		国内		亚洲		国际	
产品	广告费	产品	广告费	产品	广告费	产品	广告费	产品	广告费
Pl	1	Pl		Pl		Pl		Pl	
Crystal		Crystal		Crystal		Crystal		Crystal	
Ruby		Ruby		Ruby		Ruby		Ruby	
Sapphire		Sapphire		Sapphire		Sapphire		Sapphire	

表 3.4　经营流程表

序号		操作步骤	第 1 年			
			1Q	2Q	3Q	4Q
年初 7 项	1	新年度规划会议	√			
	2	投放广告费	−1			
	3	参加订货会议/登记订单				
	4	支付应付税款				
	5	支付长期借款利息				
	6	更新"长期借款/长期借款还款"				
	7	申请长期借款				

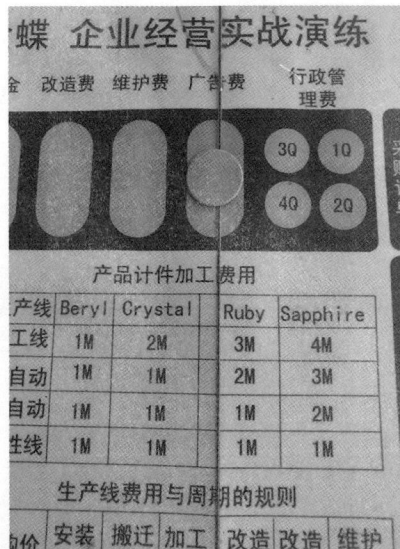

图 3.2　投放广告费

参加订货会议/登记订单：抢到订单如图 3.3 所示；在沙盘桌面的订单位置做好记录，如图 3.4 所示；在实验报告销售部门第 1 年订单登记表上记录订单内容如表 3.5 所示；然后在经营流程表上记录"　"，如表 3.6 所示。

订单编号：本 2-1-1

总价：10M

数量	交货期	账期	ISO
2	3	2	

图 3.3　引导年订单

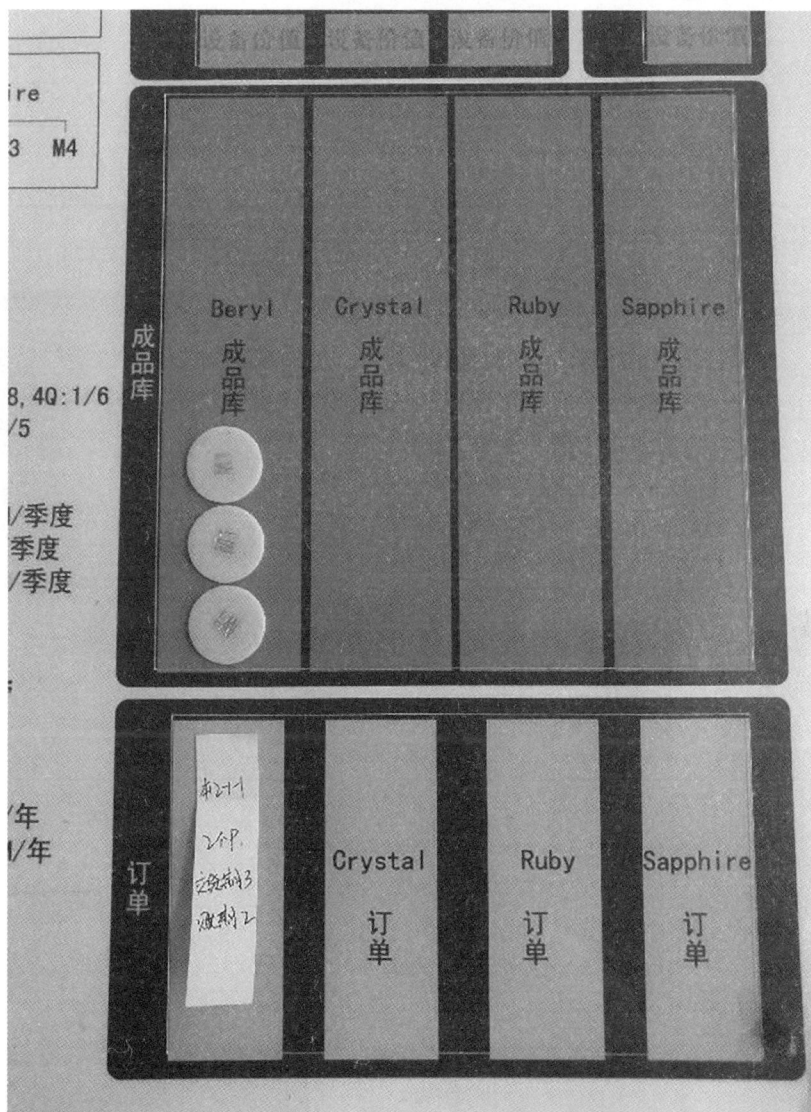

图 3.4　参加订货会议/登记订单

表 3.5　第 1 年订单登记表

订单号	本 2-1-1								合计
市场	本地市场								
产品	Beryl 产品								
数量	2								
账期	2								
交货期	3								
销售额	10M								10M
成本	4M								4M
毛利	6M								6M

表 3.6　经营流程表

序号		操作步骤	第 1 年			
			1Q	2Q	3Q	4Q
年初 7 项	1	新年度规划会议	√			
	2	投放广告费	-1			
	3	参加订货会议/登记订单	√			
	4	支付应付税款				
	5	支付长期借款利息				
	6	更新"长期借款/长期借款还款"				
	7	申请长期借款				

支付应付税款：从现金库取出 3M 灰色币放在沙盘桌面的应交税费位置，如图 3.5 所示；然后在经营流程表上记录"-3"，如表 3.7 所示。

表 3.7　经营流程表

序号		操作步骤	第 1 年			
			1Q	2Q	3Q	4Q
年初 7 项	1	新年度规划会议	√			
	2	投放广告费	-1			
	3	参加订货会议/登记订单	√			
	4	支付应付税款	-3			
	5	支付长期借款利息				
	6	更新"长期借款/长期借款还款"				
	7	申请长期借款				

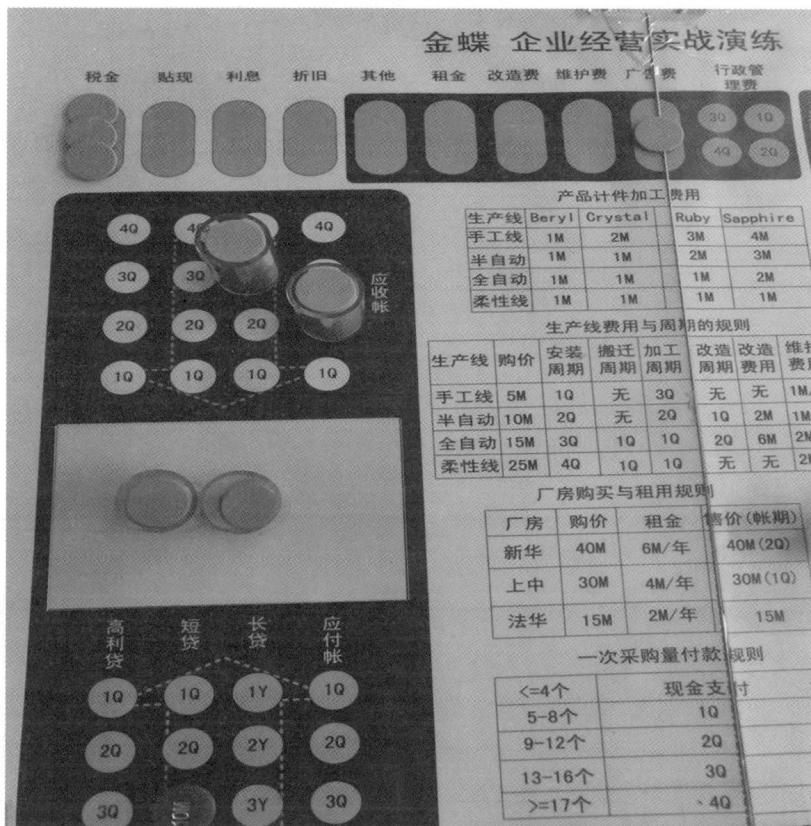

图 3.5　支付应付税款

支付长期借款利息：因为不涉及，所以在经营流程表上记录"×"，如表 3.8 所示。

表 3.8　经营流程表

序号		操作步骤	第1年			
			1Q	2Q	3Q	4Q
年初7项	1	新年度规划会议	√			
	2	投放广告费	−1			
	3	参加订货会议/登记订单	√			
	4	支付应付税款	−3			
	5	支付长期借款利息	×			
	6	更新"长期借款/长期借款还款"				
	7	申请长期借款				

更新"长期借款/长期借款还款"：因为不涉及，所以在经营流程表上记录"×"，如表 3.9 所示。

表 3.9 经营流程表

序号		操作步骤	第 1 年			
			1Q	2Q	3Q	4Q
年初 7 项	1	新年度规划会议	√			
	2	投放广告费	−1			
	3	参加订货会议/登记订单	√			
	4	支付应付税款	−3			
	5	支付长期借款利息	×			
	6	更新"长期借款/长期借款还款"	×			
	7	申请长期借款				

申请长期借款：从教具盘取得 100M 灰色币，放入现金库，取得 100M 红色币，放在沙盘桌面的长期借款 5 年期位置，如图 3.6 所示；然后在经营流程表上记录"+100（5）"，如表 3.10 所示。

图 3.6 申请长期借款

表 3.10 经营流程表

序号		操作步骤	第 1 年			
			1Q	2Q	3Q	4Q
年初 7 项	1	新年度规划会议	√			
	2	投放广告费	−1			
	3	参加订货会议/登记订单	√			
	4	支付应付税款	−3			
	5	支付长期借款利息	×			
	6	更新"长期借款/长期借款还款"	×			
	7	申请长期借款	+100（5）			

（2）季中22项

季初盘点：因为期初有现金28，支付广告费和应付税款减去4，再加上长期借款所得100，所以此时剩余现金124，在经营流程表中记录"+124"，如表3.11所示。

表3.11 经营流程表

序号		操作步骤	第1年			
			1Q	2Q	3Q	4Q
年初7项	1	新年度规划会议	√			
	2	投放广告费	−1			
	3	参加订货会议/登记订单	√			
	4	支付应付税款	−3			
	5	支付长期借款利息	×			
	6	更新"长期借款/长期借款还款"	×			
	7	申请长期借款	+100（5）			
季中22项	1	季初盘点	+124			
	2	更新"短期借款/短期借款还本付息"				
	3	申请短期借款				
	4	原材料入库/更新原料订单				
	5	下原料订单				
	6	购买/租用厂房				
	7	更新生产/完工入库				
	8	新建/在建/转产/变卖生产线				
	9	开始下一批生产				
	10	更新"应收账款/应收账款收现"				
	11	按订单交货				
	12	产品研发投资				
	13	厂房出售（买转租）/退租/租转买				
	14	支付管理费/更新厂房租金				
	15	新市场开拓/ISO投资				
	16	紧急采购（随时）				
	17	出售库存（随时）				
	18	应收账款贴现（随时）				
	19	其他支出				
	20	现金收入合计				
	21	现金支出合计				
	22	季末对账（1+21−22）				

更新"短期借款/短期借款还本付息":将沙盘桌面的短期借款从3Q,4Q位置推到2Q,3Q位置,如图3.7所示;然后在经营流程表上记录"√",如表3.12所示。

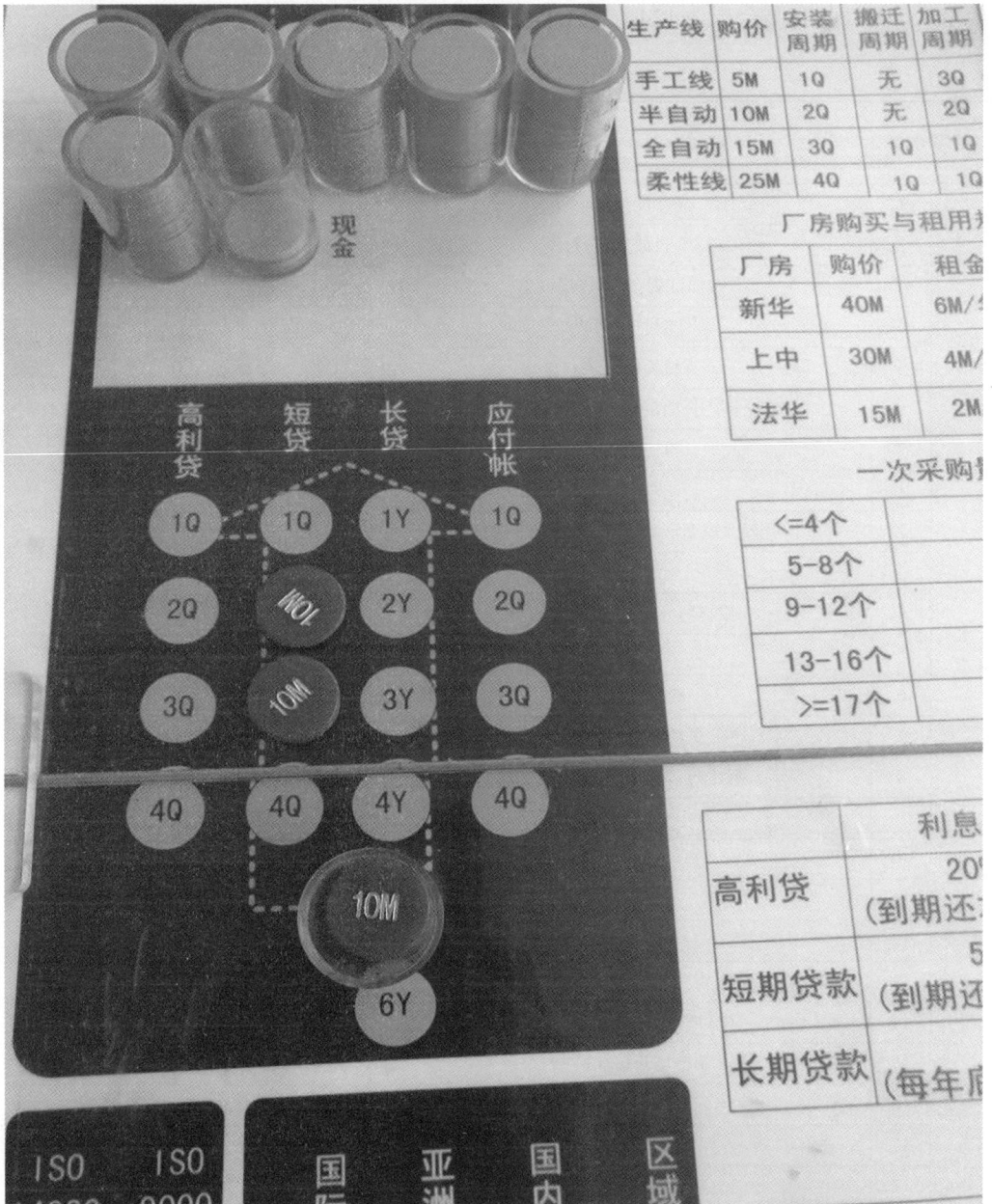

图3.7 更新"短期借款

表 3.12　经营流程表

序号		操作步骤	第 1 年			
			1Q	2Q	3Q	4Q
年初 7 项	1	新年度规划会议	√			
	2	投放广告费	−1			
	3	参加订货会议/登记订单	√			
	4	支付应付税款	−3			
	5	支付长期借款利息	×			
	6	更新"长期借款/长期借款还款"	×			
	7	申请长期借款	+100（5）			
季中 22 项	1	季初盘点	+124			
	2	更新"短期借款/短期借款还本付息"	√			
	3	申请短期借款				
	4	原材料入库/更新原料订单				
	5	下原料订单				
	6	购买/租用厂房				
	7	更新生产/完工入库				
	8	新建/在建/转产/变卖生产线				
	9	开始下一批生产				
	10	更新"应收账款/应收账款收现"				
	11	按订单交货				
	12	产品研发投资				
	13	厂房出售（买转租）/退租/租转买				
	14	支付管理费/更新厂房租金				
	15	新市场开拓/ISO 投资				
	16	紧急采购（随时）				
	17	出售库存（随时）				
	18	应收账款贴现（随时）				
	19	其他支出				
	20	现金收入合计				
	21	现金支出合计				
	22	季末对账（1+21−22）				

申请短期借款：因为不涉及，所以在经营流程表上记录"×"，如表 3.13 所示。

表 3.13　经营流程表

序号		操作步骤	第 1 年			
			1Q	2Q	3Q	4Q
年初7项	1	新年度规划会议	√			
	2	投放广告费	−1			
	3	参加订货会议/登记订单	√			
	4	支付应付税款	−3			
	5	支付长期借款利息	×			
	6	更新"长期借款/长期借款还款"	×			
	7	申请长期借款	+100（5）			
季中22项	1	季初盘点	+124			
	2	更新"短期借款/短期借款还本付息"	√			
	3	申请短期借款	×			
	4	原材料入库/更新原料订单				
	5	下原料订单				
	6	购买/租用厂房				
	7	更新生产/完工入库				
	8	新建/在建/转产/变卖生产线				
	9	开始下一批生产				
	10	更新"应收账款/应收账款收现"				
	11	按订单交货				
	12	产品研发投资				
	13	厂房出售（买转租）/退租/租转买				
	14	支付管理费/更新厂房租金				
	15	新市场开拓/ISO 投资				
	16	紧急采购（随时）				
	17	出售库存（随时）				
	18	应收账款贴现（随时）				
	19	其他支出				
	20	现金收入合计				
	21	现金支出合计				
	22	季末对账（1+21−22）				

原材料入库/更新原料订单：由于初始状态有两个 M1 原材料订单，此时到货了，采购与仓储部门向财务要 2M 灰币支付原材料费用，将到货的两个 M1 原材料放入原材料仓库，如图 3.8 所示；在实验报告采购部门原材料采购及付款登记表上记录原材料入库情况，如表 3.14 所示；然后在经营流程表上记录"−2"，如表 3.15 所示。

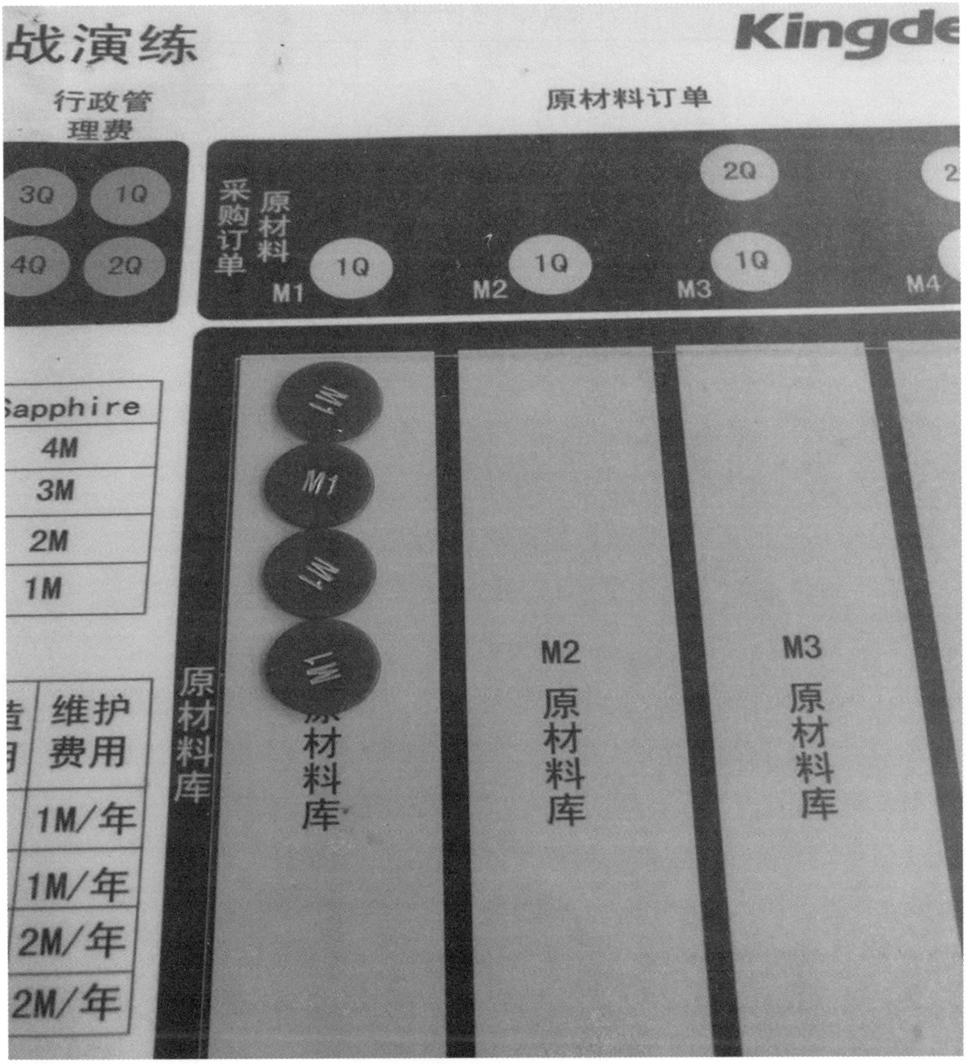

图 3.8 原材料入库/更新原料订单

表 3.14 原材料采购及付款登记表

年份		第一年															
季度	期初	1 季度				2 季度				3 季度				4 季度			
原材料		M1	M2	M3	M4	M1	M2	M3	M4	M1	M2	M3	M4	M1	M2	M3	M4
订购数量	2M1																
采购入库		2															
应付材料款		2															
剩余数量	2M1	4															

表 3.15　经营流程表

序号		操作步骤	第1年			
			1Q	2Q	3Q	4Q
年初7项	1	新年度规划会议	√			
	2	投放广告费	−1			
	3	参加订货会议/登记订单	√			
	4	支付应付税款	−3			
	5	支付长期借款利息	×			
	6	更新"长期借款/长期借款还款"	×			
	7	申请长期借款	+100（5）			
季中22项	1	季初盘点	+124			
	2	更新"短期借款/短期借款还本付息"	√			
	3	申请短期借款	×			
	4	原材料入库/更新原料订单	−2			
	5	下原料订单				
	6	购买/租用厂房				
	7	更新生产/完工入库				
	8	新建/在建/转产/变卖生产线				
	9	开始下一批生产				
	10	更新"应收账款/应收账款收现"				
	11	按订单交货				
	12	产品研发投资				
	13	厂房出售（买转租）/退租/租转买				
	14	支付管理费/更新厂房租金				
	15	新市场开拓/ISO投资				
	16	紧急采购（随时）				
	17	出售库存（随时）				
	18	应收账款贴现（随时）				
	19	其他支出				
	20	现金收入合计				
	21	现金支出合计				
	22	季末对账（1+21−22）				

下原料订单：因为不涉及，所以在经营流程表上记录"×"，如表 3.16 所示。

表 3.16 经营流程表

序号		操作步骤	第 1 年			
			1Q	2Q	3Q	4Q
年初 7项	1	新年度规划会议	√			
	2	投放广告费	−1			
	3	参加订货会议/登记订单	√			
	4	支付应付税款	−3			
	5	支付长期借款利息	×			
	6	更新"长期借款/长期借款还款"	×			
	7	申请长期借款	+100（5）			
季中 22项	1	季初盘点	+124			
	2	更新"短期借款/短期借款还本付息"	√			
	3	申请短期借款	×			
	4	原材料入库/更新原料订单	−2			
	5	下原料订单	×			
	6	购买/租用厂房				
	7	更新生产/完工入库				
	8	新建/在建/转产/变卖生产线				
	9	开始下一批生产				
	10	更新"应收账款/应收账款收现"				
	11	按订单交货				
	12	产品研发投资				
	13	厂房出售（买转租）/退租/租转买				
	14	支付管理费/更新厂房租金				
	15	新市场开拓/ISO 投资				
	16	紧急采购（随时）				
	17	出售库存（随时）				
	18	应收账款贴现（随时）				
	19	其他支出				
	20	现金收入合计				
	21	现金支出合计				
	22	季末对账（1+21−22）				

购买/租用厂房：财务从现金库中取 30M 灰币，放在表示 B 厂房价值的位置上，如图 3.9 所示；在实验报告生产部门产能手工记录表上记录购买厂房情况，如表 3.17 所示；然后在经营流程表中记录"−30"，如表 3.18 所示。

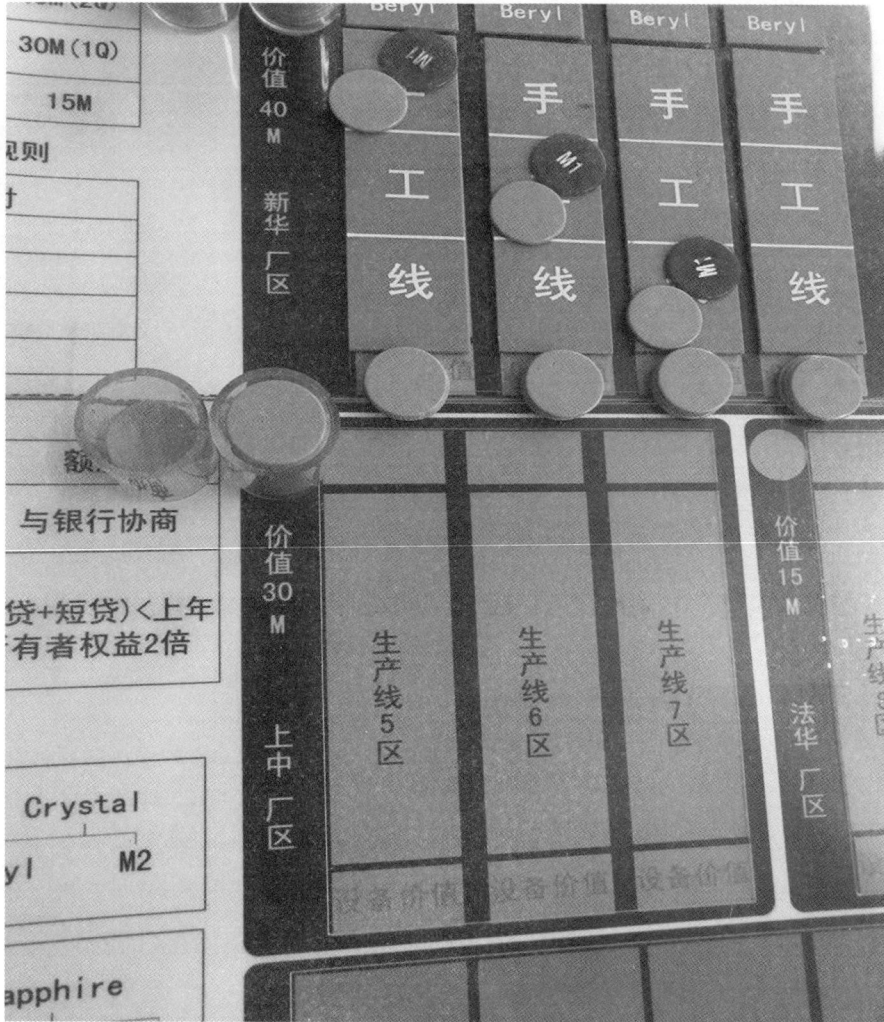

图 3.9　购买/租用厂房

表 3.17　产能手工记录表

厂房	生产线				第一年			
					1 季度	2 季度	3 季度	4 季度
A （已有）	生产线 1 名称	手工线	产品名称	P1				
			材料名称	M1				
	生产线 2 名称	手工线	产品名称	P1				
			材料名称	M1				
	生产线 3 名称	手工线	产品名称	P1				
			材料名称	M1				
	生产线 4 名称	手工线	产品名称	P1				
			材料名称	M1				

续表 3.17　产能手工记录表

厂房	生产线			第一年			
				1 季度	2 季度	3 季度	4 季度
B（新购）	生产线 5 名称		产品名称				
			材料名称				
	生产线 6 名称		产品名称				
			材料名称				
	生产线 7 名称		产品名称				
			材料名称				
C	生产线 8 名称		产品名称				
			材料名称				

表 3.18　经营流程表

序号		操作步骤	第 1 年			
			1Q	2Q	3Q	4Q
年初 7 项	1	新年度规划会议	√			
	2	投放广告费	−1			
	3	参加订货会议/登记订单	√			
	4	支付应付税款	−3			
	5	支付长期借款利息	×			
	6	更新"长期借款/长期借款还款"	×			
	7	申请长期借款	+100（5）			
季中 22 项	1	季初盘点	+124			
	2	更新"短期借款/短期借款还本付息"	√			
	3	申请短期借款	×			
	4	原材料入库/更新原料订单	−2			
	5	下原料订单	×			
	6	购买/租用厂房	−30			
	7	更新生产/完工入库				
	8	新建/在建/转产/变卖生产线				
	9	开始下一批生产				
	10	更新"应收账款/应收账款收现"				
	11	按订单交货				
	12	产品研发投资				
	13	厂房出售（买转租）/退租/租转买				
	14	支付管理费/更新厂房租金				
	15	新市场开拓/ISO 投资				

续表 3.18

序号		操作步骤	第 1 年			
			1Q	2Q	3Q	4Q
季中22项	16	紧急采购（随时）				
	17	出售库存（随时）				
	18	应收账款贴现（随时）				
	19	其他支出				
	20	现金收入合计				
	21	现金支出合计				
	22	季末对账（1+21−22）				

更新生产/完工入库：将手工生产线 1 上面的在制品从 1Q 推到 2Q 位置，将手工生产线 2 上面的在制品从 2Q 推到 3Q 位置，将手工生产线 3 上面的在制品从 3Q 位置拿下来换成 Beryl 产品放入库存商品仓库，如图 3.10 所示；在实验报告生产部门产能手工记录表上记录更新生产情况，如表 3.19 所示；在实验报告仓储部门产成品统计表上记录完工入库情况，如表 3.20 所示；然后在经营流程表上记录"√"，如表 3.21 所示。

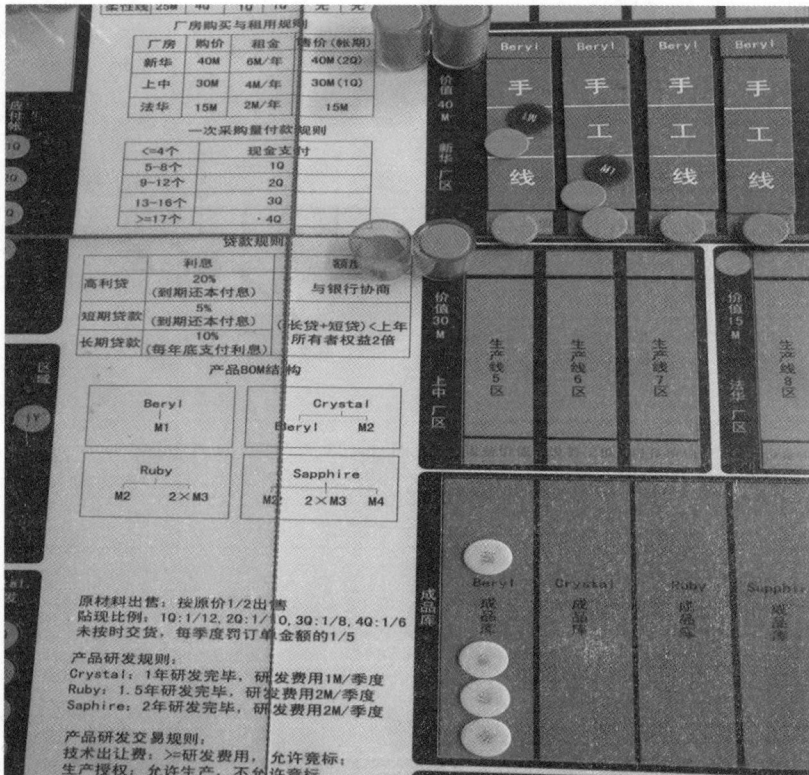

图 3.10　更新生产/完工入库

表 3.19　产能手工记录表

厂房	生产线				第一年			
					1 季度	2 季度	3 季度	4 季度
A（已有）	生产线 1 名称	手工线	产品名称	P1	P1-2			
			材料名称	M1				
	生产线 2 名称	手工线	产品名称	P1	P1-3			
			材料名称	M1				
	生产线 3 名称	手工线	产品名称	P1				
			材料名称	M1				
	生产线 4 名称	手工线	产品名称	P1				
			材料名称	M1				
B（新购）	生产线 5 名称		产品名称					
			材料名称					
	生产线 6 名称		产品名称					
			材料名称					
	生产线 7 名称		产品名称					
			材料名称					
C	生产线 8 名称		产品名称					
			材料名称					

表 3.20　产成品统计表

年份	第一年											
季度	1 季度			2 季度			3 季度			4 季度		
项目	入库	出库	剩余	入库	出库	剩余	入库	出库	剩余	入库	出库	剩余
P1	2		4									
P2												
P3												
P4												

表 3.21 经营流程表

序号		操作步骤	第1年			
			1Q	2Q	3Q	4Q
年初7项	1	新年度规划会议	√			
	2	投放广告费	−1			
	3	参加订货会议/登记订单	√			
	4	支付应付税款	−3			
	5	支付长期借款利息	×			
	6	更新"长期借款/长期借款还款"	×			
	7	申请长期借款	+100(5)			
季中22项	1	季初盘点	+124			
	2	更新"短期借款/短期借款还本付息"	√			
	3	申请短期借款	×			
	4	原材料入库/更新原料订单	−2			
	5	下原料订单	×			
	6	购买/租用厂房	−30			
	7	更新生产/完工入库	√			
	8	新建/在建/转产/变卖生产线				
	9	开始下一批生产				
	10	更新"应收账款/应收账款收现"				
	11	按订单交货				
	12	产品研发投资				
	13	厂房出售(买转租)/退租/租转买				
	14	支付管理费/更新厂房租金				
	15	新市场开拓/ISO投资				
	16	紧急采购(随时)				
	17	出售库存(随时)				
	18	应收账款贴现(随时)				
	19	其他支出				

　　新建/在建/转产/变卖生产线：生产部向财务要购建生产线的现金5M，取半自动生产线标志放置在B厂房内，开始新建，背面朝上，表示在建，5M现金放在表示半自动生产线价值的位置，如图3.11所示；在实验报告生产部门产能手工记录表上记录新建生产线情况，如表3.22所示；然后在经营流程表中记录"−5"，如表3.23所示。

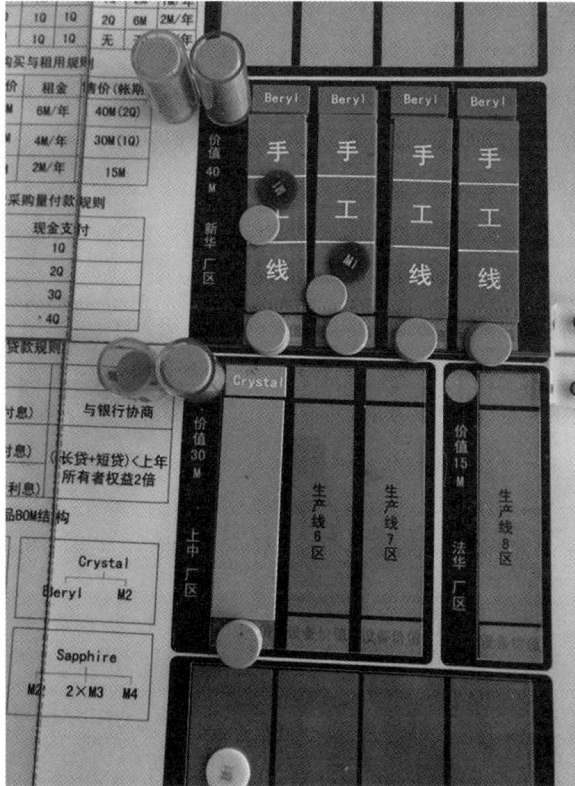

图 3.11 新建/在建/转产/变卖生产线

表 3.22 产能手工记录表

厂房	生产线				第一年			
					1 季度	2 季度	3 季度	4 季度
A (已有)	生产线 1 名称	手工线	产品名称	P1	P1-2			
			材料名称	M1				
	生产线 2 名称	手工线	产品名称	P1	P1-3			
			材料名称	M1				
	生产线 3 名称	手工线	产品名称	P1				
			材料名称	M1				
	生产线 4 名称	手工线	产品名称	P1				
			材料名称	M1				
B (新购)	生产线 5 名称	半自动线	产品名称	P1	安装中			
			材料名称	M1				
	生产线 6 名称		产品名称					
			材料名称					
	生产线 7 名称		产品名称					
			材料名称					

表 3.23　经营流程表

序号		操作步骤	第1年			
			1Q	2Q	3Q	4Q
年初7项	1	新年度规划会议	√			
	2	投放广告费	−1			
	3	参加订货会议/登记订单	√			
	4	支付应付税款	−3			
	5	支付长期借款利息	×			
	6	更新"长期借款/长期借款还款"	×			
	7	申请长期借款	+100（5）			
季中22项	1	季初盘点	+124			
	2	更新"短期借款/短期借款还本付息"	√			
	3	申请短期借款	×			
	4	原材料入库/更新原料订单	−2			
	5	下原料订单	×			
	6	购买/租用厂房	−30			
	7	更新生产/完工入库	√			
	8	新建/在建/转产/变卖生产线	−5			
	9	开始下一批生产				
	10	更新"应收账款/应收账款收现"				
	11	按订单交货				
	12	产品研发投资				
	13	厂房出售（买转租）/退租/租转买				
	14	支付管理费/更新厂房租金				
	15	新市场开拓/ISO投资				
	16	紧急采购（随时）				
	17	出售库存（随时）				
	18	应收账款贴现（随时）				
	19	其他支出				
	20	现金收入合计				
	21	现金支出合计				
	22	季末对账（1+21−22）				

　　开始下一批生产：生产部门向采购与仓储部门要2个M1原材料，向财务部门要2个灰币，将一个M1原材料和1个灰币放在手工生产线3的1Q位置，同时将一个M1原材料和1个灰币放在手工生产线4的1Q位置，此时，手工生产线3和手工生产线4上的Beryl产品都开始上线生产，如图3.12所示；在实验报告采购与仓储部门原材料采购

及付款登记表上记录原材料减少情况，如表 3.24 所示；在实验报告生产部门产能手工记录表上记录生产情况，如表 3.25 所示；然后在经营流程表中记录"-2"，如表 3.26 所示。

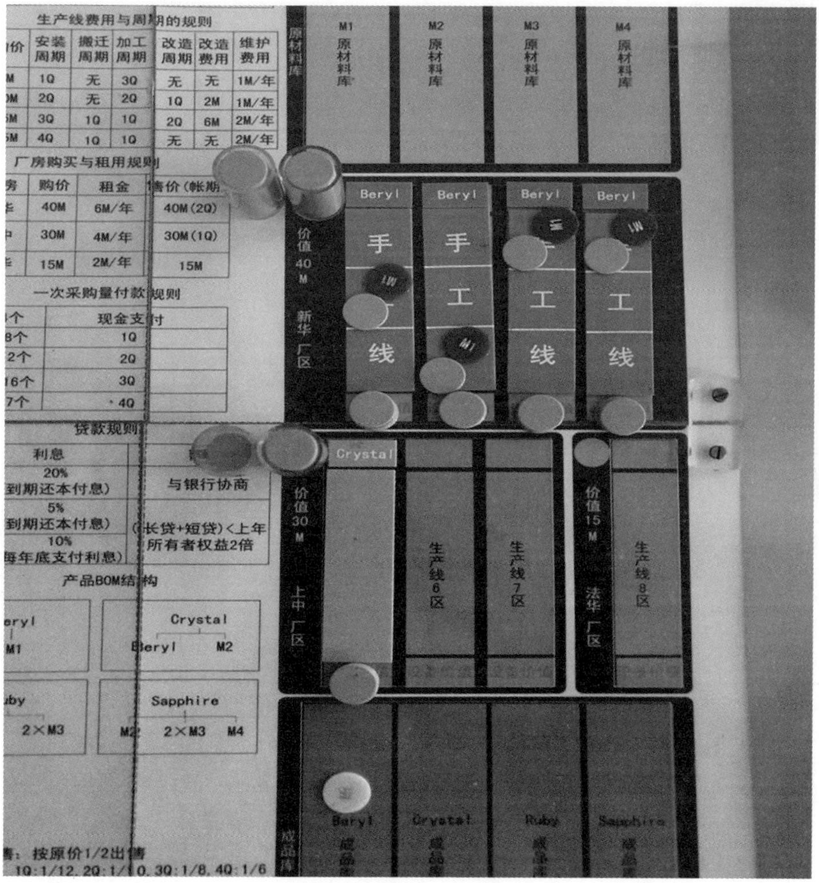

图 3.12　开始下一批生产

表 3.24　原材料采购及付款登记表

年份		第一年															
季度	期初	1 季度				2 季度				3 季度				4 季度			
原材料		M1	M2	M3	M4	M1	M2	M3	M4	M1	M2	M3	M4	M1	M2	M3	M4
订购数量	2M1																
采购入库		2															
应付材料款		2															
剩余数量	2M1	2															

表 3.25　产能手工记录表

厂房	生产线				第一年			
					1 季度	2 季度	3 季度	4 季度
A （已有）	生产线 1 名称	手工线	产品名称	P1	P1-2			
			材料名称	M1				
	生产线 2 名称	手工线	产品名称	P1	P1-3			
			材料名称	M1				
	生产线 3 名称	手工线	产品名称	P1	P1-1			
			材料名称	M1	M1			
	生产线 4 名称	手工线	产品名称	P1	P1-1			
			材料名称	M1	M1			
B （新购）	生产线 5 名称	半自动线	产品名称	P1	安装中			
			材料名称	M1				
	生产线 6 名称		产品名称					
			材料名称					
	生产线 7 名称		产品名称					
			材料名称					
C	生产线 8 名称		产品名称					
			材料名称					

表 3.26　经营流程表

序号		操作步骤	第 1 年			
			1Q	2Q	3Q	4Q
年初 7 项	1	新年度规划会议	√			
	2	投放广告费	−1			
	3	参加订货会议/登记订单	√			
	4	支付应付税款	−3			
	5	支付长期借款利息	×			
	6	更新"长期借款/长期借款还款"	×			
	7	申请长期借款	+100（5）			
季中 22 项	1	季初盘点	+124			
	2	更新"短期借款/短期借款还本付息"	√			
	3	申请短期借款	×			
	4	原材料入库/更新原料订单	−2			
	5	下原料订单	×			
	6	购买/租用厂房	−30			
	7	更新生产/完工入库	√			

续表 3. 26

序号		操作步骤	第1年			
			1Q	2Q	3Q	4Q
季中 22 项	8	新建/在建/转产/变卖生产线	-5			
	9	开始下一批生产	-2			
	10	更新"应收账款/应收账款收现"				
	11	按订单交货				
	12	产品研发投资				
	13	厂房出售（买转租）/退租/租转买				
	14	支付管理费/更新厂房租金				
	15	新市场开拓/ISO 投资				
	16	紧急采购（随时）				
	17	出售库存（随时）				
	18	应收账款贴现（随时）				
	19	其他支出				
	20	现金收入合计				
	21	现金支出合计				
	22	季末对账（1+21-22）				

更新"应收账款/应收账款收现"：将沙盘桌面的应收账款从 2Q，3Q 位置推到 1Q，2Q 位置，如图 3.13 所示；在实验报告财务部门应收账款登记表上记录应收账款更新情况，如表 3.27 所示；然后在经营流程表上记录"√"，如表 3.28 所示。

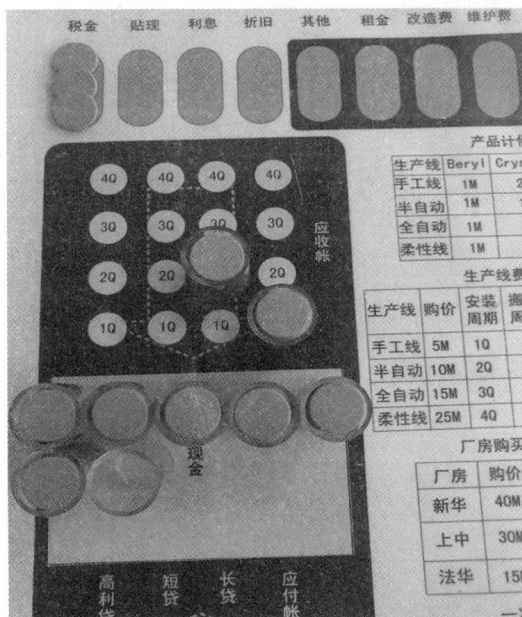

图 3.13 更新"应收账款/应收账款收现"

表 3.27 应收账款登记表

年份		第一年				第二年				第三年			
季度		1	2	3	4	1	2	3	4	1	2	3	4
应收账期	1	10											
	2	10											
	3												
	4												
到期													
贴现													
贴现费													

表 3.28 经营流程表

序号		操作步骤	第 1 年			
			1Q	2Q	3Q	4Q
年初 7 项	1	新年度规划会议	√			
	2	投放广告费	−1			
	3	参加订货会议/登记订单	√			
	4	支付应付税款	−3			
	5	支付长期借款利息	×			
	6	更新"长期借款/长期借款还款"	×			
	7	申请长期借款	+100（5）			
季中 22 项	1	季初盘点	+124			
	2	更新"短期借款/短期借款还本付息"	√			
	3	申请短期借款	×			
	4	原材料入库/更新原料订单	−2			
	5	下原料订单	×			
	6	购买/租用厂房	−30			
	7	更新生产/完工入库	√			
	8	新建/在建/转产/变卖生产线	−5			
	9	开始下一批生产	−2			
	10	更新"应收账款/应收账款收现"	√			
	11	按订单交货				
	12	产品研发投资				
	13	厂房出售（买转租）/退租/租转买				
	14	支付管理费/更新厂房租金				
	15	新市场开拓/ISO 投资				
	16	紧急采购（随时）				
	17	出售库存（随时）				
	18	应收账款贴现（随时）				
	19	其他支出				
	20	现金收入合计				
	21	现金支出合计				
	22	季末对账（1+21−22）				

按订单交货：因为不涉及，所以在经营流程表上记录"×"，如表3.29所示。

表3.29　经营流程表

序号		操作步骤	第1年			
			1Q	2Q	3Q	4Q
年初7项	1	新年度规划会议	√			
	2	投放广告费	−1			
	3	参加订货会议/登记订单	√			
	4	支付应付税款	−3			
	5	支付长期借款利息	×			
	6	更新"长期借款/长期借款还款"	×			
	7	申请长期借款	+100（5）			
季中22项	1	季初盘点	+124			
	2	更新"短期借款/短期借款还本付息"	√			
	3	申请短期借款	×			
	4	原材料入库/更新原料订单	−2			
	5	下原料订单	×			
	6	购买/租用厂房	−30			
	7	更新生产/完工入库	√			
	8	新建/在建/转产/变卖生产线	−5			
	9	开始下一批生产	−2			
	10	更新"应收账款/应收账款收现"	√			
	11	按订单交货	×			
	12	产品研发投资				
	13	厂房出售（买转租）/退租/租转买				
	14	支付管理费/更新厂房租金				
	15	新市场开拓/ISO投资				
	16	紧急采购（随时）				
	17	出售库存（随时）				
	18	应收账款贴现（随时）				
	19	其他支出				
	20	现金收入合计				
	21	现金支出合计				
	22	季末对账（1+21−22）				

产品研发投资：生产部门向财务部门要1M现金，放在沙盘桌面的Crystal产品研发区域1Q位置，如图3.14所示；在实验报告生产部门产品研发登记表上记录产品研发情况，如表3.30所示；然后在经营流程表中记录"−1"，如表3.31所示。

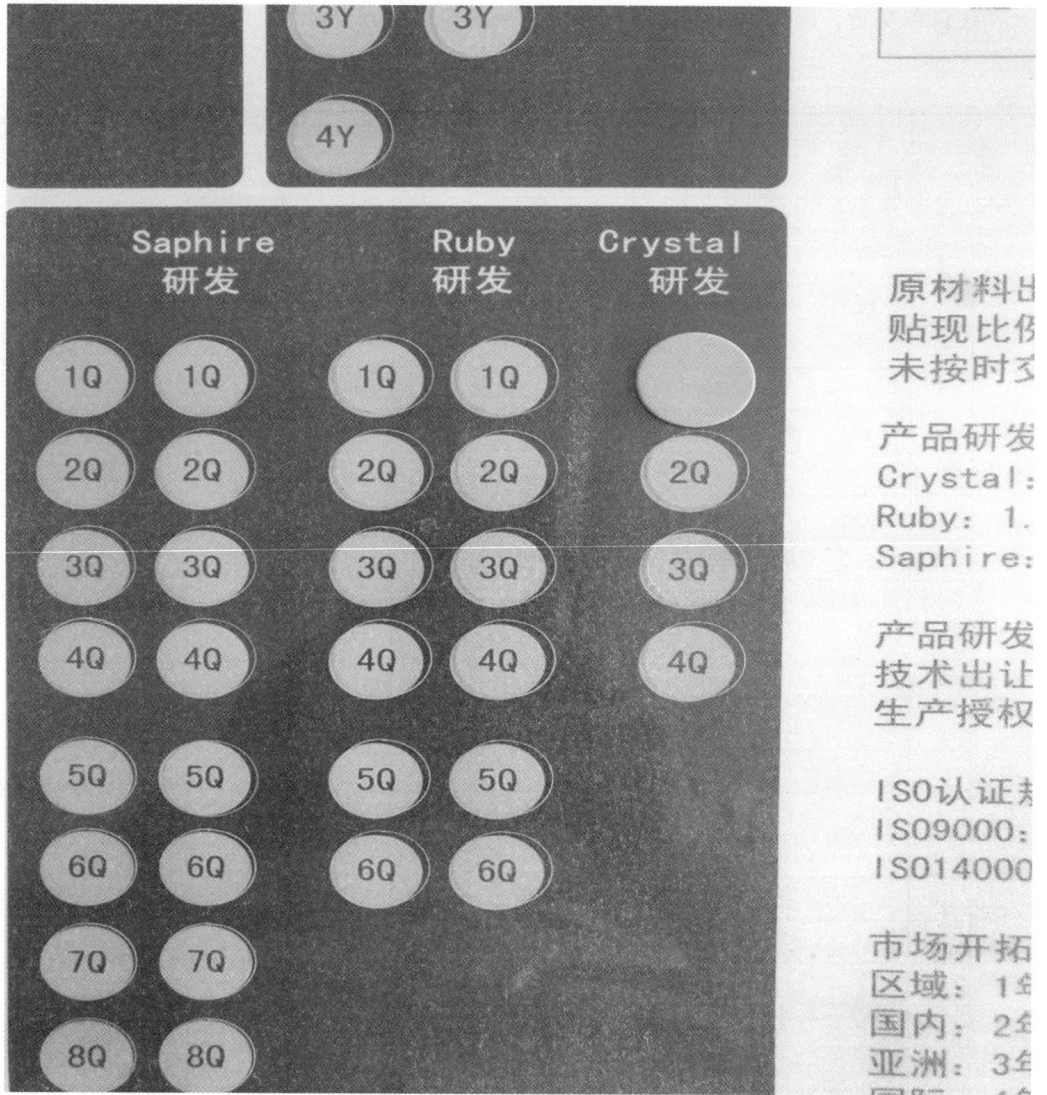

图 3.14 产品研发投资

表 3.30 产品研发登记表

年度	季度	P1	P2	P3	P4	研发费用合计	研发完成
第一年	1 季度		1			1	
	2 季度						
	3 季度						
	4 季度						

表 3.31　经营流程表

序号		操作步骤	第1年			
			1Q	2Q	3Q	4Q
年初 7项	1	新年度规划会议	√			
	2	投放广告费	−1			
	3	参加订货会议/登记订单	√			
	4	支付应付税款	−3			
	5	支付长期借款利息	×			
	6	更新"长期借款/长期借款还款"	×			
	7	申请长期借款	+100（5）			
季中 22项	1	季初盘点	+124			
	2	更新"短期借款/短期借款还本付息"	√			
	3	申请短期借款	×			
	4	原材料入库/更新原料订单	−2			
	5	下原料订单	×			
	6	购买/租用厂房	−30			
	7	更新生产/完工入库	√			
	8	新建/在建/转产/变卖生产线	−5			
	9	开始下一批生产	−2			
	10	更新"应收账款/应收账款收现"	√			
	11	按订单交货	×			
	12	产品研发投资	−1			
	13	厂房出售（买转租）/退租/租转买				
	14	支付管理费/更新厂房租金				
	15	新市场开拓/ISO 投资				
	16	紧急采购（随时）				
	17	出售库存（随时）				
	18	应收账款贴现（随时）				
	19	其他支出				
	20	现金收入合计				
	21	现金支出合计				
	22	季末对账（1+21-22）				

　　厂房出售（买转租）/退租/租转买：因为不涉及，所以在经营流程表上记录"×"，如表 3.32 所示。

表 3.32 经营流程表

序号		操作步骤	第 1 年			
			1Q	2Q	3Q	4Q
年初 7项	1	新年度规划会议	√			
	2	投放广告费	−1			
	3	参加订货会议/登记订单	√			
	4	支付应付税款	−3			
	5	支付长期借款利息	×			
	6	更新"长期借款/长期借款还款"	×			
	7	申请长期借款	+100（5）			
季中 22项	1	季初盘点	+124			
	2	更新"短期借款/短期借款还本付息"	√			
	3	申请短期借款	×			
	4	原材料入库/更新原料订单	−2			
	5	下原料订单	×			
	6	购买/租用厂房	−30			
	7	更新生产/完工入库	√			
	8	新建/在建/转产/变卖生产线	−5			
	9	开始下一批生产	−2			
	10	更新"应收账款/应收账款收现"	√			
	11	按订单交货	×			
	12	产品研发投资	−1			
	13	厂房出售（买转租）/退租/租转买	×			
	14	支付管理费/更新厂房租金				
	15	新市场开拓/ISO 投资				
	16	紧急采购（随时）				
	17	出售库存（随时）				
	18	应收账款贴现（随时）				
	19	其他支出				
	20	现金收入合计				
	21	现金支出合计				
	22	季末对账（1+21−22）				

支付管理费/更新厂房租金：财务部门从现金库中取 1M，放在沙盘桌面费用区的管理费用 1Q 位置，如图 3.15 所示；然后在经营流程表中记录"−1"，如表 3.33 所示。

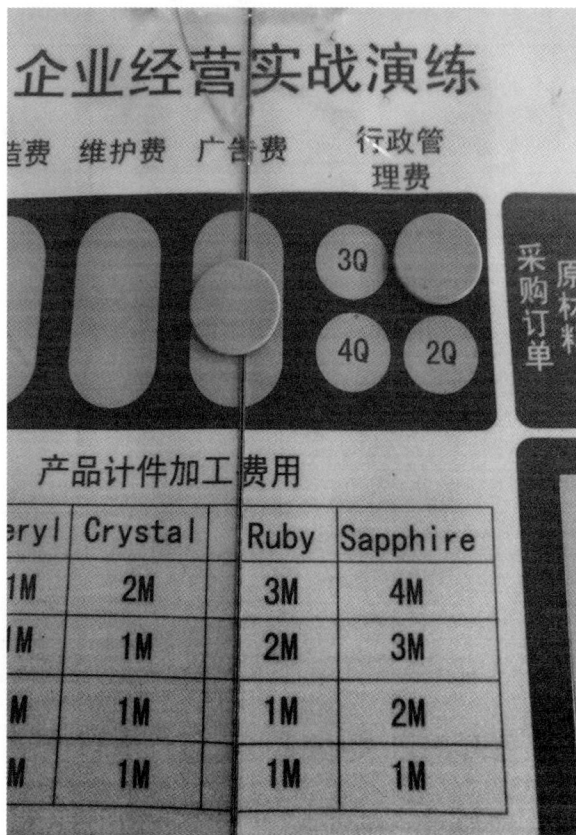

图 3.15 支付管理费/更新厂房租金

表 3.33 经营流程表

序号		操作步骤	第 1 年			
			1Q	2Q	3Q	4Q
年初 7 项	1	新年度规划会议	√			
	2	投放广告费	−1			
	3	参加订货会议/登记订单	√			
	4	支付应付税款	−3			
	5	支付长期借款利息	×			
	6	更新"长期借款/长期借款还款"	×			
	7	申请长期借款	+100（5）			
季中 22 项	1	季初盘点	+124			
	2	更新"短期借款/短期借款还本付息"	√			
	3	申请短期借款	×			
	4	原材料入库/更新原料订单	−2			
	5	下原料订单	×			

续表 3.33

序号		操作步骤	第 1 年			
			1Q	2Q	3Q	4Q
季中 22 项	6	购买/租用厂房	−30			
	7	更新生产/完工入库	√			
	8	新建/在建/转产/变卖生产线	−5			
	9	开始下一批生产	−2			
	10	更新"应收账款/应收账款收现"	√			
	11	按订单交货	×			
	12	产品研发投资	−1			
	13	厂房出售（买转租）/退租/租转买	×			
	14	支付管理费/更新厂房租金	−1			
	15	新市场开拓/ISO 投资				
	16	紧急采购（随时）				
	17	出售库存（随时）				
	18	应收账款贴现（随时）				
	19	其他支出				
	20	现金收入合计				
	21	现金支出合计				
	22	季末对账（1+21−22）				

新市场开拓/ISO 投资：因为规定年末支付研发费用，所以实验报告市场开发登记表和 ISO 认证登记表上无需记录，直接在经营流程表上记录"√"，如表 3.34 所示。

表 3.34 经营流程表

序号		操作步骤	第 1 年			
			1Q	2Q	3Q	4Q
年初 7 项	1	新年度规划会议	√			
	2	投放广告费	−1			
	3	参加订货会议/登记订单	√			
	4	支付应付税款	−3			
	5	支付长期借款利息	×			
	6	更新"长期借款/长期借款还款"	×			
	7	申请长期借款	+100（5）			
季中 22 项	1	季初盘点	+124			
	2	更新"短期借款/短期借款还本付息"	√			
	3	申请短期借款	×			

续表 3.34

序号		操作步骤	第 1 年			
			1Q	2Q	3Q	4Q
季中 22 项	4	原材料入库/更新原料订单	−2			
	5	下原料订单	×			
	6	购买/租用厂房	−30			
	7	更新生产/完工入库	√			
	8	新建/在建/转产/变卖生产线	−5			
	9	开始下一批生产	−2			
	10	更新"应收账款/应收账款收现"	√			
	11	按订单交货	×			
	12	产品研发投资	−1			
	13	厂房出售（买转租）/退租/租转买	×			
	14	支付管理费/更新厂房租金	−1			
	15	新市场开拓/ISO 投资	√			
	16	紧急采购（随时）				
	17	出售库存（随时）				
	18	应收账款贴现（随时）				
	19	其他支出				
	20	现金收入合计				
	21	现金支出合计				
	22	季末对账（1+21−22）				

紧急采购（随时）：因为不涉及，所以在经营流程表上记录"×"，如表 3.35 所示。

表 3.35　经营流程表

序号		操作步骤	第 1 年			
			1Q	2Q	3Q	4Q
年初 7 项	1	新年度规划会议	√			
	2	投放广告费	−1			
	3	参加订货会议/登记订单	√			
	4	支付应付税款	−3			
	5	支付长期借款利息	×			
	6	更新"长期借款/长期借款还款"	×			
	7	申请长期借款	+100（5）			

续表 3.35

序号		操作步骤	第1年			
			1Q	2Q	3Q	4Q
季中 22项	1	季初盘点	+124			
	2	更新"短期借款/短期借款还本付息"	√			
	3	申请短期借款	×			
	4	原材料入库/更新原料订单	−2			
	5	下原料订单	×			
	6	购买/租用厂房	−30			
	7	更新生产/完工入库	√			
	8	新建/在建/转产/变卖生产线	−5			
	9	开始下一批生产	−2			
	10	更新"应收账款/应收账款收现"	√			
	11	按订单交货	×			
	12	产品研发投资	−1			
	13	厂房出售（买转租）/退租/租转买	×			
	14	支付管理费/更新厂房租金	−1			
	15	新市场开拓/ISO投资	√			
	16	紧急采购（随时）	×			
	17	出售库存（随时）				
	18	应收账款贴现（随时）				
	19	其他支出				
	20	现金收入合计				
	21	现金支出合计				
	22	季末对账（1+21−22）				

出售库存（随时）：因为不涉及，所以在经营流程表上记录"×"，如表3.36所示。

表 3.36　经营流程表

序号		操作步骤	第1年			
			1Q	2Q	3Q	4Q
年初 7项	1	新年度规划会议	√			
	2	投放广告费	−1			
	3	参加订货会议/登记订单	√			
	4	支付应付税款	−3			
	5	支付长期借款利息	×			
	6	更新"长期借款/长期借款还款"	×			
	7	申请长期借款	+100（5）			

续表 3.36

序号		操作步骤	第1年			
			1Q	2Q	3Q	4Q
季中 22项	1	季初盘点	+124			
	2	更新"短期借款/短期借款还本付息"	√			
	3	申请短期借款	×			
	4	原材料入库/更新原料订单	−2			
	5	下原料订单	×			
	6	购买/租用厂房	−30			
	7	更新生产/完工入库	√			
	8	新建/在建/转产/变卖生产线	−5			
	9	开始下一批生产	−2			
	10	更新"应收账款/应收账款收现"	√			
	11	按订单交货	×			
	12	产品研发投资	−1			
	13	厂房出售（买转租）/退租/租转买	×			
	14	支付管理费/更新厂房租金	−1			
	15	新市场开拓/ISO 投资	√			
	16	紧急采购（随时）	×			
	17	出售库存（随时）	×			
	18	应收账款贴现（随时）				
	19	其他支出				
	20	现金收入合计				
	21	现金支出合计				
	22	季末对账（1+21−22）				

应收账款贴现（随时）：因为不涉及，所以在经营流程表上记录"×"，如表 3.37 所示。

表 3.37　经营流程表

序号		操作步骤	第1年			
			1Q	2Q	3Q	4Q
年初 7项	1	新年度规划会议	√			
	2	投放广告费	−1			
	3	参加订货会议/登记订单	√			
	4	支付应付税款	−3			
	5	支付长期借款利息	×			
	6	更新"长期借款/长期借款还款"	×			
	7	申请长期借款	+100（5）			

续表 3.37

序号		操作步骤	第1年			
			1Q	2Q	3Q	4Q
季中 22项	1	季初盘点	+124			
	2	更新"短期借款/短期借款还本付息"	√			
	3	申请短期借款	×			
	4	原材料入库/更新原料订单	−2			
	5	下原料订单	×			
	6	购买/租用厂房	−30			
	7	更新生产/完工入库	√			
	8	新建/在建/转产/变卖生产线	−5			
	9	开始下一批生产	−2			
	10	更新"应收账款/应收账款收现"	√			
	11	按订单交货	×			
	12	产品研发投资	−1			
	13	厂房出售（买转租）/退租/租转买	×			
	14	支付管理费/更新厂房租金	−1			
	15	新市场开拓/ISO 投资	√			
	16	紧急采购（随时）	×			
	17	出售库存（随时）	×			
	18	应收账款贴现（随时）	×			
	19	其他支出				
	20	现金收入合计				
	21	现金支出合计				
	22	季末对账（1+21-22）				

其他支出：因为不涉及，所以在经营流程表上记录"×"，如表 3.38 所示。

表 3.38　经营流程表

序号		操作步骤	第1年			
			1Q	2Q	3Q	4Q
年初 7项	1	新年度规划会议	√			
	2	投放广告费	−1			
	3	参加订货会议/登记订单	√			
	4	支付应付税款	−3			
	5	支付长期借款利息	×			
	6	更新"长期借款/长期借款还款"	×			
	7	申请长期借款	+100（5）			

续表 3.38

序号		操作步骤	第 1 年			
			1Q	2Q	3Q	4Q
季中 22项	1	季初盘点	+124			
	2	更新"短期借款/短期借款还本付息"	√			
	3	申请短期借款	×			
	4	原材料入库/更新原料订单	−2			
	5	下原料订单	×			
	6	购买/租用厂房	−30			
	7	更新生产/完工入库	√			
	8	新建/在建/转产/变卖生产线	−5			
	9	开始下一批生产	−2			
	10	更新"应收账款/应收账款收现"	√			
	11	按订单交货	×			
	12	产品研发投资	−1			
	13	厂房出售（买转租）/退租/租转买	×			
	14	支付管理费/更新厂房租金	−1			
	15	新市场开拓/ISO 投资	√			
	16	紧急采购（随时）	×			
	17	出售库存（随时）	×			
	18	应收账款贴现（随时）	×			
	19	其他支出	×			
	20	现金收入合计				
	21	现金支出合计				
	22	季末对账（1+21−22）				

现金收入合计：把从第 2 项更新"短期借款/短期借款还本付息"到第 19 项其他支出的现金流入加起来，然后在流程表中记录"+0"，如表 3.39 所示。

表 3.39 经营流程表

序号		操作步骤	第 1 年			
			1Q	2Q	3Q	4Q
年初 7项	1	新年度规划会议	√			
	2	投放广告费	−1			
	3	参加订货会议/登记订单	√			
	4	支付应付税款	−3			
	5	支付长期借款利息	×			
	6	更新"长期借款/长期借款还款"	×			
	7	申请长期借款	+100（5）			

续表 3.39

序号		操作步骤	第 1 年			
			1Q	2Q	3Q	4Q
季中 22 项	1	季初盘点	+124			
	2	更新"短期借款/短期借款还本付息"	√			
	3	申请短期借款	×			
	4	原材料入库/更新原料订单	−2			
	5	下原料订单	×			
	6	购买/租用厂房	−30			
	7	更新生产/完工入库	√			
	8	新建/在建/转产/变卖生产线	−5			
	9	开始下一批生产	−2			
	10	更新"应收账款/应收账款收现"	√			
	11	按订单交货	×			
	12	产品研发投资	−1			
	13	厂房出售(买转租)/退租/租转买	×			
	14	支付管理费/更新厂房租金	−1			
	15	新市场开拓/ISO 投资	√			
	16	紧急采购(随时)	×			
	17	出售库存(随时)	×			
	18	应收账款贴现(随时)	×			
	19	其他支出	×			
	20	现金收入合计	+0			
	21	现金支出合计				
	22	季末对账(1+21−22)				

现金支出合计:把从第 2 项更新"短期借款/短期借款还本付息"到第 19 项其他支出的现金流出加起来,然后在流程表中记录"−41",如表 3.40 所示。

表 3.40　经营流程表

序号		操作步骤	第 1 年			
			1Q	2Q	3Q	4Q
年初 7 项	1	新年度规划会议	√			
	2	投放广告费	−1			
	3	参加订货会议/登记订单	√			
	4	支付应付税款	−3			
	5	支付长期借款利息	×			
	6	更新"长期借款/长期借款还款"	×			
	7	申请长期借款	+100(5)			

续表 3. 40

序号		操作步骤	第1年			
			1Q	2Q	3Q	4Q
季中 22项	1	季初盘点	+124			
	2	更新"短期借款/短期借款还本付息"	√			
	3	申请短期借款	×			
	4	原材料入库/更新原料订单	−2			
	5	下原料订单	×			
	6	购买/租用厂房	−30			
	7	更新生产/完工入库	√			
	8	新建/在建/转产/变卖生产线	−5			
	9	开始下一批生产	−2			
	10	更新"应收账款/应收账款收现"	√			
	11	按订单交货	×			
	12	产品研发投资	−1			
	13	厂房出售（买转租）/退租/租转买	×			
	14	支付管理费/更新厂房租金	−1			
	15	新市场开拓/ISO 投资	√			
	16	紧急采购（随时）	×			
	17	出售库存（随时）	×			
	18	应收账款贴现（随时）	×			
	19	其他支出	×			
	20	现金收入合计	+0			
	21	现金支出合计	−41			
	22	季末对账（1+21−22）				

季末对账（1+20−21）：按公式计算，然后在流程表中记录"+83"，如表 3. 41 所示。

表 3. 41 经营流程表

序号		操作步骤	第1年			
			1Q	2Q	3Q	4Q
年初 7项	1	新年度规划会议	√			
	2	投放广告费	−1			
	3	参加订货会议/登记订单	√			
	4	支付应付税款	−3			
	5	支付长期借款利息	×			
	6	更新"长期借款/长期借款还款"	×			
	7	申请长期借款	+100（5）			

续表 3.40

序号		操作步骤	第 1 年			
			1Q	2Q	3Q	4Q
季中22项	1	季初盘点	+124			
	2	更新"短期借款/短期借款还本付息"	√			
	3	申请短期借款	×			
	4	原材料入库/更新原料订单	−2			
	5	下原料订单	×			
	6	购买/租用厂房	−30			
	7	更新生产/完工入库	√			
	8	新建/在建/转产/变卖生产线	−5			
	9	开始下一批生产	−2			
	10	更新"应收账款/应收账款收现"	√			
	11	按订单交货	×			
	12	产品研发投资	−1			
	13	厂房出售（买转租）/退租/租转买	×			
	14	支付管理费/更新厂房租金	−1			
	15	新市场开拓/ISO 投资	√			
	16	紧急采购（随时）	×			
	17	出售库存（随时）	×			
	18	应收账款贴现（随时）	×			
	19	其他支出	×			
	20	现金收入合计	+0			
	21	现金支出合计	−41			
	22	季末对账（1+21−22）	+83			

（3）年末 5 项

无需操作。

3.2.2 第 1 年第 2 季

（1）年初 7 项

无需操作。

（2）季中 22 项

季初盘点：因为第一期期末剩余现金 83，所以本期期初剩余现金 83，在经营流程表中记录"+83"，如表 3.42 所示。

表 3.42 经营流程表

序号		操作步骤	第 1 年			
			1Q	2Q	3Q	4Q
年初 7 项	1	新年度规划会议	√			
	2	投放广告费	−1			
	3	参加订货会议/登记订单	√			
	4	支付应付税款	−3			
	5	支付长期借款利息	×			
	6	更新"长期借款/长期借款还款"	×			
	7	申请长期借款	+100（5）			
季中 22 项	1	季初盘点	+124	+83		
	2	更新"短期借款/短期借款还本付息"	√			
	3	申请短期借款	×			
	4	原材料入库/更新原料订单	−2			
	5	下原料订单	×			
	6	购买/租用厂房	−30			
	7	更新生产/完工入库	√			
	8	新建/在建/转产/变卖生产线	−5			
	9	开始下一批生产	−2			
	10	更新"应收账款/应收账款收现"	√			
	11	按订单交货	×			
	12	产品研发投资	−1			
	13	厂房出售（买转租）/退租/租转买	×			
	14	支付管理费/更新厂房租金	−1			
	15	新市场开拓/ISO 投资	√			
	16	紧急采购（随时）	×			
	17	出售库存（随时）	×			
	18	应收账款贴现（随时）	×			
	19	其他支出	×			
	20	现金收入合计	+0			
	21	现金支出合计	−41			
	22	季末对账（1+21−22）	+83			

更新"短期借款/短期借款还本付息"：将沙盘桌面的短期借款从 2Q，3Q 位置推到 1Q，2Q 位置，如图 3.16 所示；然后在经营流程表上记录"√"，如表 3.43 所示。

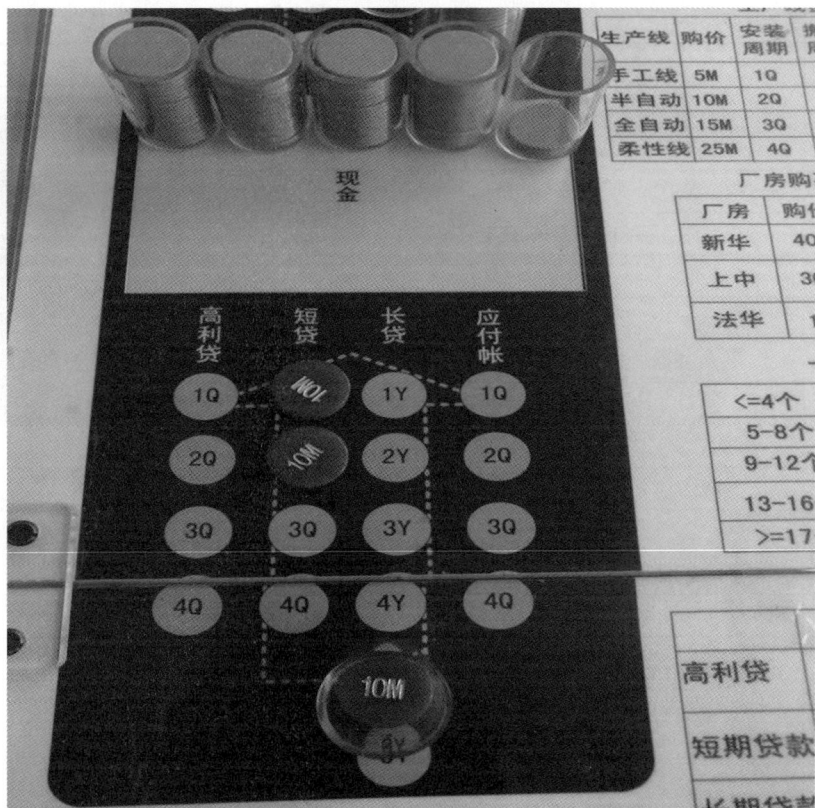

图 3.16　更新"短期借款/短期借款还本付息"

表 3.43　经营流程表

序号		操作步骤	第 1 年			
			1Q	2Q	3Q	4Q
年初 7 项	1	新年度规划会议	√			
	2	投放广告费	−1			
	3	参加订货会议/登记订单	√			
	4	支付应付税款	−3			
	5	支付长期借款利息	×			
	6	更新"长期借款/长期借款还款"	×			
	7	申请长期借款	+100（5）			
季中 22 项	1	季初盘点	+124	+83		
	2	更新"短期借款/短期借款还本付息"	√	√		
	3	申请短期借款	×			
	4	原材料入库/更新原料订单	−2			
	5	下原料订单	×			
	6	购买/租用厂房	−30			

续表 3.43

序号		操作步骤	第1年			
			1Q	2Q	3Q	4Q
季中 22项	7	更新生产/完工入库	√			
	8	新建/在建/转产/变卖生产线	−5			
	9	开始下一批生产	−2			
	10	更新"应收账款/应收账款收现"	√			
	11	按订单交货	×			
	12	产品研发投资	−1			
	13	厂房出售（买转租）/退租/租转买	×			
	14	支付管理费/更新厂房租金	−1			
	15	新市场开拓/ISO投资	√			
	16	紧急采购（随时）	×			
	17	出售库存（随时）	×			
	18	应收账款贴现（随时）	×			
	19	其他支出	×			
	20	现金收入合计	+0			
	21	现金支出合计	−41			
	22	季末对账（1+21−22）	+83			

申请短期借款：因为不涉及，所以在经营流程表上记录"×"，如表 3.44 所示。

表 3.44　经营流程表

序号		操作步骤	第1年			
			1Q	2Q	3Q	4Q
年初 7项	1	新年度规划会议	√			
	2	投放广告费	−1			
	3	参加订货会议/登记订单	√			
	4	支付应付税款	−3			
	5	支付长期借款利息	×			
	6	更新"长期借款/长期借款还款"	×			
	7	申请长期借款	+100（5）			
季中 22项	1	季初盘点	+124	+83		
	2	更新"短期借款/短期借款还本付息"	√	√		
	3	申请短期借款	×	×		
	4	原材料入库/更新原料订单	−2			
	5	下原料订单	×			
	6	购买/租用厂房	−30			

表 3. 44　经营流程表

序号		操作步骤	第 1 年			
			1Q	2Q	3Q	4Q
季中 22项	7	更新生产/完工入库	√			
	8	新建/在建/转产/变卖生产线	−5			
	9	开始下一批生产	−2			
	10	更新"应收账款/应收账款收现"	√			
	11	按订单交货	×			
	12	产品研发投资	−1			
	13	厂房出售（买转租）/退租/租转买	×			
	14	支付管理费/更新厂房租金	−1			
	15	新市场开拓/ISO 投资	√			
	16	紧急采购（随时）	×			
	17	出售库存（随时）	×			
	18	应收账款贴现（随时）	×			
	19	其他支出	×			
	20	现金收入合计	+0			
	21	现金支出合计	−41			
	22	季末对账（1+21−22）	+83			

原材料入库/更新原料订单：因为不涉及，所以在经营流程表上记录"×"，如表 3. 45 所示。

表 3. 45　经营流程表

序号		操作步骤	第 1 年			
			1Q	2Q	3Q	4Q
年初 7项	1	新年度规划会议	√			
	2	投放广告费	−1			
	3	参加订货会议/登记订单	√			
	4	支付应付税款	−3			
	5	支付长期借款利息	×			
	6	更新"长期借款/长期借款还款"	×			
	7	申请长期借款	+100（5）			
季中 22项	1	季初盘点	+124	+83		
	2	更新"短期借款/短期借款还本付息"	√	√		
	3	申请短期借款	×	×		
	4	原材料入库/更新原料订单	−2	×		
	5	下原料订单	×			

续表 3.45

序号		操作步骤	第 1 年			
			1Q	2Q	3Q	4Q
季中 22 项	6	购买/租用厂房	−30			
	7	更新生产/完工入库	√			
	8	新建/在建/转产/变卖生产线	−5			
	9	开始下一批生产	−2			
	10	更新"应收账款/应收账款收现"	√			
	11	按订单交货	×			
	12	产品研发投资	−1			
	13	厂房出售（买转租）/退租/租转买	×			
	14	支付管理费/更新厂房租金	−1			
	15	新市场开拓/ISO 投资	√			
	16	紧急采购（随时）	×			
	17	出售库存（随时）	×			
	18	应收账款贴现（随时）	×			
	19	其他支出	×			
	20	现金收入合计	+0			
	21	现金支出合计	−41			
	22	季末对账（1+21−22）	+83			

下原料订单：采购与仓储部门下单三个 M1 原材料，找材料供应商要三个 M1 原材料放在 M1 采购订单位置，如图 3.17 所示；在实验报告原材料采购及付款登记表上记录原材料下单情况，如表 3.46 所示；然后在经营流程表上记录"√"，如表 3.47 所示。

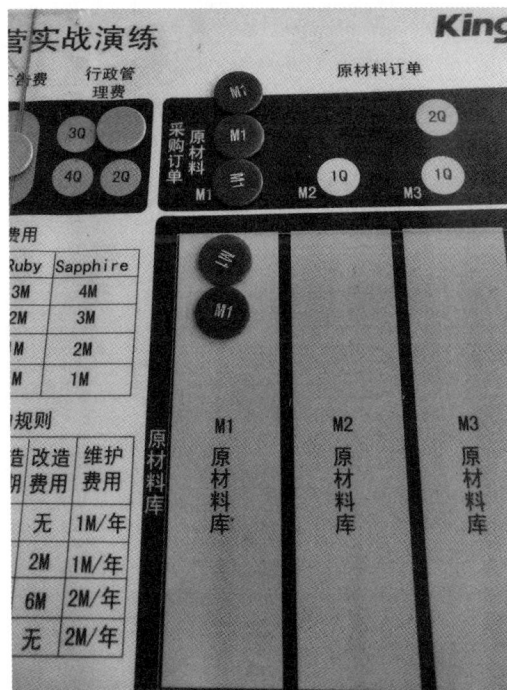

图 3.17 下原料订单

表 3.46　原材料采购及付款登记表

年份		第一年																
季度	期初	1 季度				2 季度				3 季度				4 季度			
原材料		M1	M2	M3	M4	M1	M2	M3	M4	M1	M2	M3	M4	M1	M2	M3	M4
订购数量	2M1					3											
采购入库			2														
应付材料款			2														
剩余数量	2M1		2														

表 3.47　经营流程表

序号		操作步骤	第 1 年			
			1Q	2Q	3Q	4Q
年初 7 项	1	新年度规划会议	√			
	2	投放广告费	−1			
	3	参加订货会议/登记订单	√			
	4	支付应付税款	−3			
	5	支付长期借款利息	×			
	6	更新"长期借款/长期借款还款"	×			
	7	申请长期借款	+100（5）			
季中 22 项	1	季初盘点	+124	+83		
	2	更新"短期借款/短期借款还本付息"	√	√		
	3	申请短期借款	×	×		
	4	原材料入库/更新原料订单	−2	×		
	5	下原料订单	×	√		
	6	购买/租用厂房	−30			
	7	更新生产/完工入库	√			
	8	新建/在建/转产/变卖生产线	−5			
	9	开始下一批生产	−2			
	10	更新"应收账款/应收账款收现"	√			
	11	按订单交货	×			
	12	产品研发投资	−1			
	13	厂房出售（买转租）/退租/租转买	×			
	14	支付管理费/更新厂房租金	−1			
	15	新市场开拓/ISO 投资	√			
	16	紧急采购（随时）	×			
	17	出售库存（随时）	×			
	18	应收账款贴现（随时）	×			
	19	其他支出	×			
	20	现金收入合计	+0			
	21	现金支出合计	−41			
	22	季末对账（1+21−22）	+83			

购买/租用厂房：因为不涉及，所以在经营流程表上记录"×"，如表 3.48 所示。

表 3.48 经营流程表

序号		操作步骤	第 1 年			
			1Q	2Q	3Q	4Q
年初 7项	1	新年度规划会议	√			
	2	投放广告费	−1			
	3	参加订货会议/登记订单	√			
	4	支付应付税款	−3			
	5	支付长期借款利息	×			
	6	更新"长期借款/长期借款还款"	×			
	7	申请长期借款	+100（5）			
季中 22项	1	季初盘点	+124	+83		
	2	更新"短期借款/短期借款还本付息"	√	√		
	3	申请短期借款	×	×		
	4	原材料入库/更新原料订单	−2	×		
	5	下原料订单	×	√		
	6	购买/租用厂房	−30	×		
	7	更新生产/完工入库	√			
	8	新建/在建/转产/变卖生产线	−5			
	9	开始下一批生产	−2			
	10	更新"应收账款/应收账款收现"	√			
	11	按订单交货	×			
	12	产品研发投资	−1			
	13	厂房出售（买转租）/退租/租转买	×			
	14	支付管理费/更新厂房租金	−1			
	15	新市场开拓/ISO 投资	√			
	16	紧急采购（随时）	×			
	17	出售库存（随时）	×			
	18	应收账款贴现（随时）	×			
	19	其他支出	×			
	20	现金收入合计	+0			
	21	现金支出合计	−41			
	22	季末对账（1+21-22）	+83			

更新生产/完工入库：将手工生产线 1 上面的在制品从 2Q 推到 3Q 位置，将手工生产线 2 上面的在制品从 3Q 位置拿下来换成 Beryl 产品放入库存商品仓库，将手工生产线 3 和手工生产线 4 上面的在制品从 1Q 推到 2Q 位置，如图 3.18 所示；在实验报告生

产部门产能手工记录表上记录更新生产情况，如表 3.48 所示；在实验报告仓储部门产成品统计表上记录完工入库情况，如表 3.49 所示；然后在经营流程表上记录"√"，如表 3.50 所示。

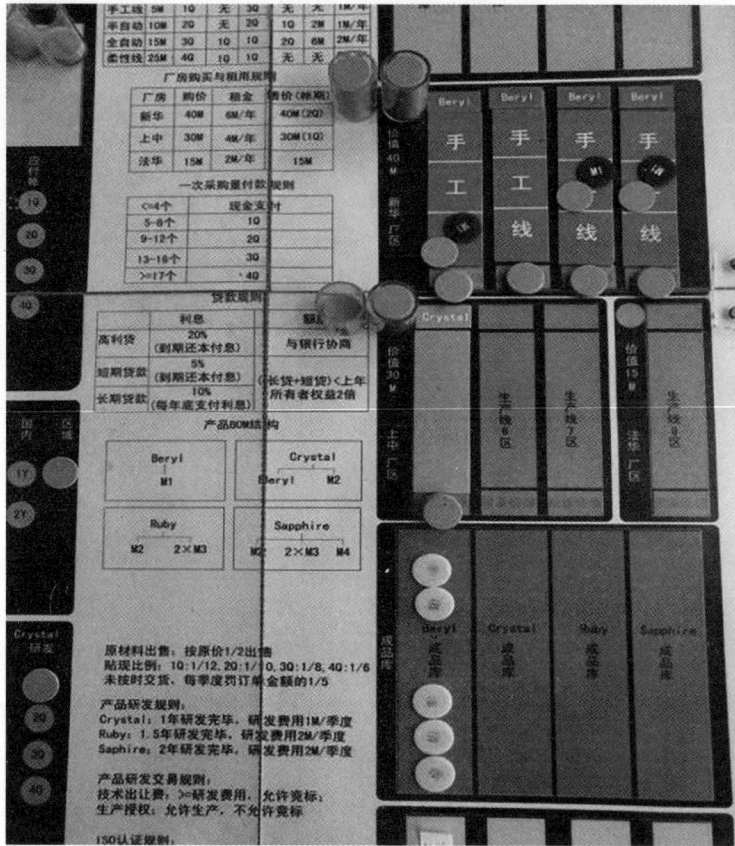

图 3.18　更新生产/完工入库

表 3.48　产能手工记录表

厂房	生产线				第一年			
					1 季度	2 季度	3 季度	4 季度
A （已有）	生产线 1 名称	手工线	产品名称	P1	P1-2	P1-3		
			材料名称	M1				
	生产线 2 名称	手工线	产品名称	P1	P1-3			
			材料名称	M1				
	生产线 3 名称	手工线	产品名称	P1	P1-1	P1-2		
			材料名称	M1	M1			
	生产线 4 名称	手工线	产品名称	P1	P1-1	P1-2		
			材料名称	M1	M1			

续表 3.48

厂房	生产线				第一年			
					1 季度	2 季度	3 季度	4 季度
B（新购）	生产线 5 名称	半自动线	产品名称	P1	安装中			
			材料名称	M1				
	生产线 6 名称		产品名称					
			材料名称					
	生产线 7 名称		产品名称					
			材料名称					
C	生产线 8 名称		产品名称					
			材料名称					

表 3.49　产成品统计表

年份	第一年											
季度	1 季度			2 季度			3 季度			4 季度		
项目	入库	出库	剩余	入库	出库	剩余	入库	出库	剩余	入库	出库	剩余
P1	2		4	1		5						
P2												
P3												
P4												

表 3.50　经营流程表

序号		操作步骤	第 1 年			
			1Q	2Q	3Q	4Q
年初 7 项	1	新年度规划会议	√			
	2	投放广告费	−1			
	3	参加订货会议/登记订单	√			
	4	支付应付税款	−3			
	5	支付长期借款利息	×			
	6	更新"长期借款/长期借款还款"	×			
	7	申请长期借款	+100（5）			
季中 22 项	1	季初盘点	+124	+83		
	2	更新"短期借款/短期借款还本付息"	√	√		
	3	申请短期借款	×	×		
	4	原材料入库/更新原料订单	−2	×		
	5	下原料订单	×	√		

续表 3.45

序号		操作步骤	第1年			
			1Q	2Q	3Q	4Q
季中 22项	6	购买/租用厂房	−30	×		
	7	更新生产/完工入库	√	√		
	8	新建/在建/转产/变卖生产线	−5			
	9	开始下一批生产	−2			
	10	更新"应收账款/应收账款收现"	√			
	11	按订单交货	×			
	12	产品研发投资	−1			
	13	厂房出售（买转租）/退租/租转买	×			
	14	支付管理费/更新厂房租金	−1			
	15	新市场开拓/ISO 投资	√			
	16	紧急采购（随时）	×			
	17	出售库存（随时）	×			
	18	应收账款贴现（随时）	×			
	19	其他支出	×			

新建/在建/转产/变卖生产线：生产部门继续向财务部门要安装半自动生产线的第二批资金 5M，5M 现金放在表示半自动生产线价值的位置，如图 3.19 所示；在实验报告生产部门产能手工记录表上记录新建生产线情况，如表 3.51 所示；然后在经营流程表中记录"−5"，如表 3.52 所示。

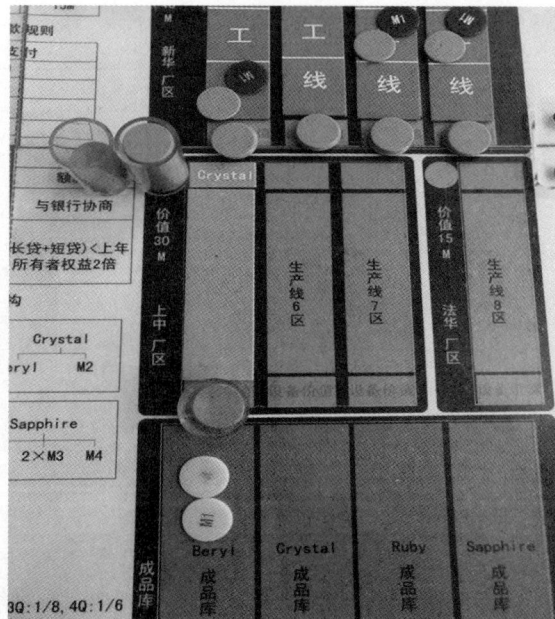

图 3.19 新建/在建/转产/变卖生产线

表 3.51　产能手工记录表

厂房	生产线				第一年			
					1 季度	2 季度	3 季度	4 季度
A（已有）	生产线 1 名称	手工线	产品名称	P1	P1-2	P1-3		
			材料名称	M1				
	生产线 2 名称	手工线	产品名称	P1	P1-3			
			材料名称	M1				
	生产线 3 名称	手工线	产品名称	P1	P1-1	P1-2		
			材料名称	M1	M1			
	生产线 4 名称	手工线	产品名称	P1	P1-1	P1-2		
			材料名称	M1	M1			
B（新购）	生产线 5 名称	半自动线	产品名称	P1	安装中	安装中		
			材料名称	M1				
	生产线 6 名称		产品名称					
			材料名称					
	生产线 7 名称		产品名称					
			材料名称					
C	生产线 8 名称		产品名称					
			材料名称					

表 3.52　经营流程表

序号		操作步骤	第 1 年			
			1Q	2Q	3Q	4Q
年初 7 项	1	新年度规划会议	√			
	2	投放广告费	-1			
	3	参加订货会议/登记订单	√			
	4	支付应付税款	-3			
	5	支付长期借款利息	×			
	6	更新"长期借款/长期借款还款"	×			
	7	申请长期借款	+100（5）			
季中 22 项	1	季初盘点	+124	+83		
	2	更新"短期借款/短期借款还本付息"	√	√		
	3	申请短期借款	×	×		
	4	原材料入库/更新原料订单	-2	×		
	5	下原料订单	×	√		
	6	购买/租用厂房	-30	×		
	7	更新生产/完工入库	√	√		

续表 3.52

序号		操作步骤	第1年			
			1Q	2Q	3Q	4Q
年初7项	8	新建/在建/转产/变卖生产线	−5	−5		
	9	开始下一批生产	−2			
	10	更新"应收账款/应收账款收现"	√			
	11	按订单交货	×			
	12	产品研发投资	−1			
	13	厂房出售（买转租）/退租/租转买	×			
	14	支付管理费/更新厂房租金	−1			
	15	新市场开拓/ISO 投资	√			
	16	紧急采购（随时）	×			
	17	出售库存（随时）	×			
	18	应收账款贴现（随时）	×			
	19	其他支出	×			
	20	现金收入合计	+0			
	21	现金支出合计	−41			
	22	季末对账（1+21−22）	+83			

开始下一批生产：生产部门向采购与仓储部门要 1 个 M1 原材料，向财务部门要 1 个灰币，将一个 M1 原材料和 1 个灰币放在手工生产线 2 的 1Q 位置，此时，手工生产线 2 上的 Beryl 产品开始上线生产，如图 3.20 所示；在实验报告采购部门原材料采购及付款登记表上记录原材料减少情况，如表 3.53 所示；在实验报告生产部门产能手工记录表上记录生产情况，如表 3.54 所示；然后在经营流程表中记录"−1"，如表 3.55 所示。

图 3.20 开始下一批生产

表 3.53　原材料采购及付款登记表

年份		第一年															
季度	期初	1 季度				2 季度				3 季度				4 季度			
原材料		M1	M2	M3	M4	M1	M2	M3	M4	M1	M2	M3	M4	M1	M2	M3	M4
订购数量	2M1					3											
采购入库		2															
应付材料款	2																
剩余数量	2M1	2				1											

表 3.54　产能手工记录表

厂房	生产线				第一年			
					1 季度	2 季度	3 季度	4 季度
A (已有)	生产线 1 名称	手工线	产品名称	P1	P1-2	P1-3		
			材料名称	M1				
	生产线 2 名称	手工线	产品名称	P1	P1-3	P1-1		
			材料名称	M1		M1		
	生产线 3 名称	手工线	产品名称	P1	P1-1	P1-2		
			材料名称	M1	M1			
	生产线 4 名称	手工线	产品名称	P1	P1-1	P1-2		
			材料名称	M1	M1			
B (新购)	生产线 5 名称	半自动线	产品名称	P1	安装中	安装中		
			材料名称	M1				
	生产线 6 名称		产品名称					
			材料名称					
	生产线 7 名称		产品名称					
			材料名称					
C	生产线 8 名称		产品名称					
			材料名称					

表 3.55　经营流程表

序号		操作步骤	第 1 年			
			1Q	2Q	3Q	4Q
年初 7 项	1	新年度规划会议	√			
	2	投放广告费	−1			
	3	参加订货会议/登记订单	√			
	4	支付应付税款	−3			
	5	支付长期借款利息	×			
	6	更新"长期借款/长期借款还款"	×			
	7	申请长期借款	+100（5）			

续表 **3.52**

序号		操作步骤	第 1 年			
			1Q	2Q	3Q	4Q
季中 22 项	1	季初盘点	+124	+83		
	2	更新"短期借款/短期借款还本付息"	√	√		
	3	申请短期借款	×	×		
	4	原材料入库/更新原料订单	−2	×		
	5	下原料订单	×	√		
	6	购买/租用厂房	−30	×		
	7	更新生产/完工入库	√	√		
	8	新建/在建/转产/变卖生产线	−5	−5		
	9	开始下一批生产	−2	−1		
	10	更新"应收账款/应收账款收现"	√			
	11	按订单交货	×			
	12	产品研发投资	−1			
	13	厂房出售（买转租）/退租/租转买	×			
	14	支付管理费/更新厂房租金	−1			
	15	新市场开拓/ISO 投资	√			
	16	紧急采购（随时）	×			
	17	出售库存（随时）	×			
	18	应收账款贴现（随时）	×			
	19	其他支出	×			
	20	现金收入合计	+0			
	21	现金支出合计	−41			
	22	季末对账（1+21−22）	+83			

更新"应收账款/应收账款收现"：将沙盘桌面的应收账款从 2Q 位置的应收账款推到 1Q 位置，将沙盘桌面 1Q 位置的应收账款推到现金库，如图 3.21 所示；在实验报告财务部门应收账款登记表上记录应收账款更新情况，如表 3.56 所示；然后在经营流程表上记录"+10"，如表 3.57 所示。

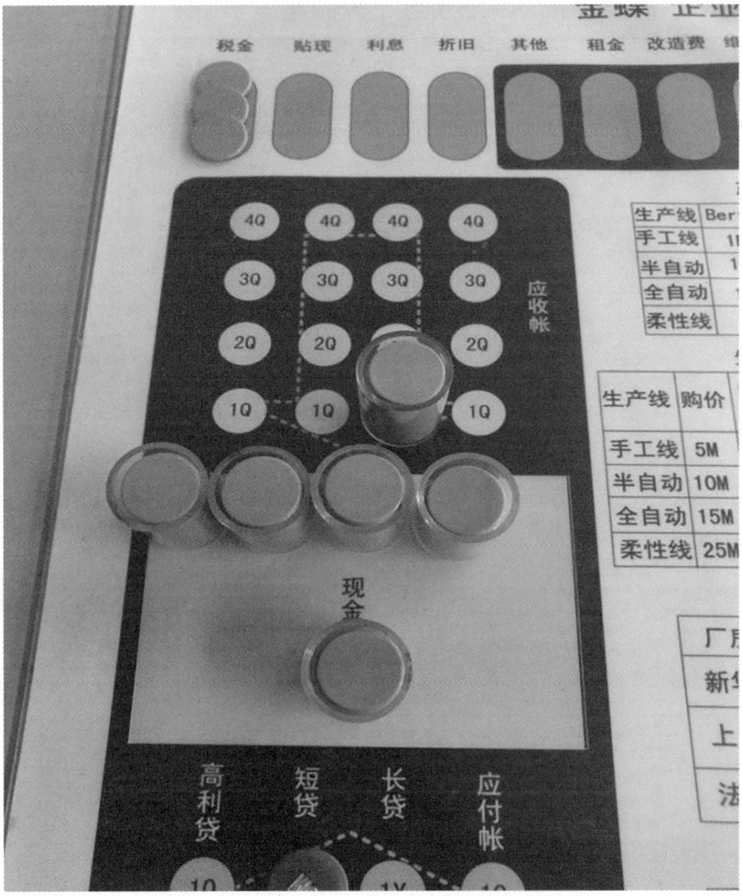

图 3.21 更新 "应收账款/应收账款收现"

表 3.56 应收账款登记表

年份		第一年				第二年				第三年			
季度		1	2	3	4	1	2	3	4	1	2	3	4
应收账期	1	10	10										
	2	10											
	3												
	4												
到期			10										
贴现													
贴现费													

表 3.57 经营流程表

序号		操作步骤	第1年			
			1Q	2Q	3Q	4Q
年初7项	1	新年度规划会议	√			
	2	投放广告费	−1			
	3	参加订货会议/登记订单	√			
	4	支付应付税款	−3			
	5	支付长期借款利息	×			
	6	更新"长期借款/长期借款还款"	×			
	7	申请长期借款	+100（5）			
季中22项	1	季初盘点	+124	+83		
	2	更新"短期借款/短期借款还本付息"	√	√		
	3	申请短期借款	×	×		
	4	原材料入库/更新原料订单	−2	×		
	5	下原料订单	×	√		
	6	购买/租用厂房	−30	×		
	7	更新生产/完工入库	√	√		
	8	新建/在建/转产/变卖生产线	−5	−5		
	9	开始下一批生产	−2	−1		
	10	更新"应收账款/应收账款收现"	√	+10		
	11	按订单交货	×			
	12	产品研发投资	−1			
	13	厂房出售（买转租）/退租/租转买	×			
	14	支付管理费/更新厂房租金	−1			
	15	新市场开拓/ISO 投资	√			
	16	紧急采购（随时）	×			
	17	出售库存（随时）	×			
	18	应收账款贴现（随时）	×			
	19	其他支出	×			
	20	现金收入合计	+0			
	21	现金支出合计	−41			
	22	季末对账（1+21−22）	+83			

按订单交货：因为不涉及，所以在经营流程表上记录"×"，如表 3.58 所示。

表 3.58 经营流程表

序号		操作步骤	第1年			
			1Q	2Q	3Q	4Q
年初7项	1	新年度规划会议	√			
	2	投放广告费	-1			
	3	参加订货会议/登记订单	√			
	4	支付应付税款	-3			
	5	支付长期借款利息	×			
	6	更新"长期借款/长期借款还款"	×			
	7	申请长期借款	+100（5）			
季中22项	1	季初盘点	+124	+83		
	2	更新"短期借款/短期借款还本付息"	√	√		
	3	申请短期借款	×	×		
	4	原材料入库/更新原料订单	-2	×		
	5	下原料订单	×	√		
	6	购买/租用厂房	-30	×		
	7	更新生产/完工入库	√	√		
	8	新建/在建/转产/变卖生产线	-5	-5		
	9	开始下一批生产	-2	-1		
	10	更新"应收账款/应收账款收现"	√	+10		
	11	按订单交货	×	×		
	12	产品研发投资	-1			
	13	厂房出售（买转租）/退租/租转买	×			
	14	支付管理费/更新厂房租金	-1			
	15	新市场开拓/ISO 投资	√			
	16	紧急采购（随时）	×			
	17	出售库存（随时）	×			
	18	应收账款贴现（随时）	×			
	19	其他支出	×			
	20	现金收入合计	+0			
	21	现金支出合计	-41			
	22	季末对账（1+21-22）	+83			

产品研发投资：生产部门向财务部门要 1M 现金，放在沙盘桌面的 Crystal 产品研发区域 2Q 位置，如图 3.22 所示；在实验报告生产部门产品研发登记表上记录产品研发情况，如表 3.59 所示；然后在经营流程表中记录"-1"，如表 3.60 所示。

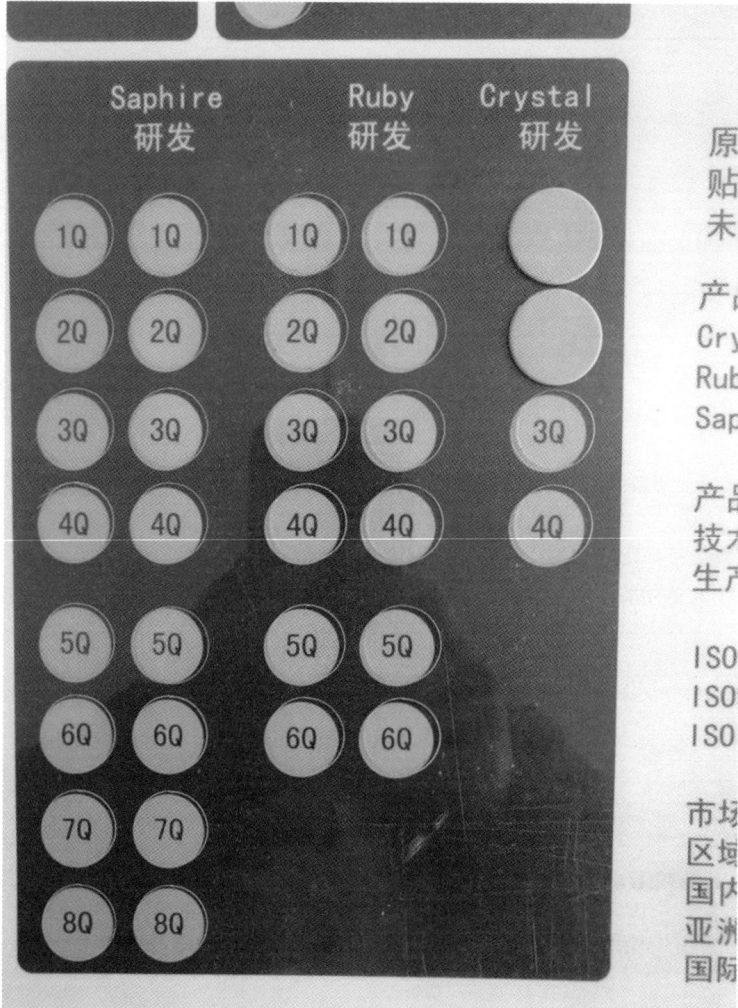

图 3.22　产品研发投资

表 3.59　产品研发登记表

年度	季度	P1	P2	P3	P4	研发费用合计	研发完成
第一年	1 季度		1			1	
	2 季度		1			1	
	3 季度						
	4 季度						

表 3.60　经营流程表

序号		操作步骤	第 1 年			
			1Q	2Q	3Q	4Q
年初 7项	1	新年度规划会议	√			
	2	投放广告费	−1			
	3	参加订货会议/登记订单	√			
	4	支付应付税款	−3			
	5	支付长期借款利息	×			
	6	更新"长期借款/长期借款还款"	×			
	7	申请长期借款	+100（5）			
季中 22项	1	季初盘点	+124	+83		
	2	更新"短期借款/短期借款还本付息"	√	√		
	3	申请短期借款	×	×		
	4	原材料入库/更新原料订单	−2	×		
	5	下原料订单	×	√		
	6	购买/租用厂房	−30	×		
	7	更新生产/完工入库	√	√		
	8	新建/在建/转产/变卖生产线	−5	−5		
	9	开始下一批生产	−2	−1		
	10	更新"应收账款/应收账款收现"	√	+10		
	11	按订单交货	×	×		
	12	产品研发投资	−1	−1		
	13	厂房出售（买转租）/退租/租转买	×			
	14	支付管理费/更新厂房租金	−1			
	15	新市场开拓/ISO 投资	√			
	16	紧急采购（随时）	×			
	17	出售库存（随时）	×			
	18	应收账款贴现（随时）	×			
	19	其他支出	×			
	20	现金收入合计	+0			
	21	现金支出合计	−41			
	22	季末对账（1+21−22）	+83			

厂房出售（买转租）/退租/租转买：因为不涉及，所以在经营流程表上记录"×"，如表 3.61 所示。

表 3.61 经营流程表

序号		操作步骤	第 1 年			
			1Q	2Q	3Q	4Q
年初 7 项	1	新年度规划会议	√			
	2	投放广告费	−1			
	3	参加订货会议/登记订单	√			
	4	支付应付税款	−3			
	5	支付长期借款利息	×			
	6	更新"长期借款/长期借款还款"	×			
	7	申请长期借款	+100（5）			
季中 22 项	1	季初盘点	+124	+83		
	2	更新"短期借款/短期借款还本付息"	√	√		
	3	申请短期借款	×	×		
	4	原材料入库/更新原料订单	−2	×		
	5	下原料订单	×	√		
	6	购买/租用厂房	−30	×		
	7	更新生产/完工入库	√	√		
	8	新建/在建/转产/变卖生产线	−5	−5		
	9	开始下一批生产	−2	−1		
	10	更新"应收账款/应收账款收现"	√	+10		
	11	按订单交货	×	×		
	12	产品研发投资	−1	−1		
	13	厂房出售（买转租）/退租/租转买	×	×		
	14	支付管理费/更新厂房租金	−1			
	15	新市场开拓/ISO 投资	√			
	16	紧急采购（随时）	×			
	17	出售库存（随时）	×			
	18	应收账款贴现（随时）	×			
	19	其他支出	×			
	20	现金收入合计	+0			
	21	现金支出合计	−41			
	22	季末对账（1+21−22）	+83			

支付管理费/更新厂房租金：财务部门从现金库中取 1M，放在沙盘桌面费用区的管理费用 2Q 位置，如图 3.23 所示；然后在经营流程表中记录"−1"，如表 3.62 所示。

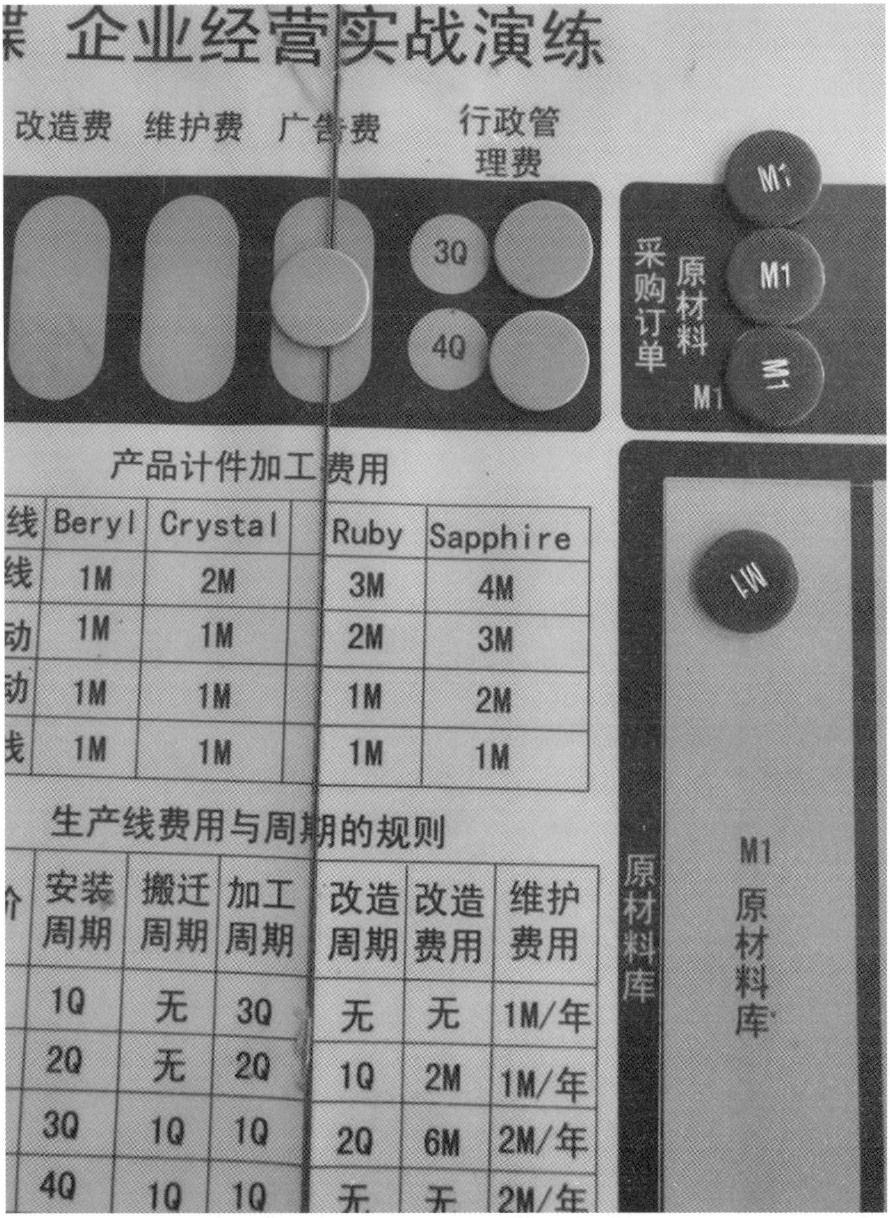

图 3.23　支付管理费/更新厂房租金

表 3.62　经营流程表

序号		操作步骤	第 1 年			
			1Q	2Q	3Q	4Q
年初 7 项	1	新年度规划会议	√			
	2	投放广告费	−1			
	3	参加订货会议/登记订单	√			
	4	支付应付税款	−3			
	5	支付长期借款利息	×			
	6	更新"长期借款/长期借款还款"	×			
	7	申请长期借款	+100（5）			
季中 22 项	1	季初盘点	+124	+83		
	2	更新"短期借款/短期借款还本付息"	√	√		
	3	申请短期借款	×	×		
	4	原材料入库/更新原料订单	−2	×		
	5	下原料订单	×	√		
	6	购买/租用厂房	−30	×		
	7	更新生产/完工入库	√	√		
	8	新建/在建/转产/变卖生产线	−5	−5		
	9	开始下一批生产	−2	−1		
	10	更新"应收账款/应收账款收现"	√	+10		
	11	按订单交货	×	×		
	12	产品研发投资	−1	−1		
	13	厂房出售（买转租）/退租/租转买	×	×		
	14	支付管理费/更新厂房租金	−1	−1		
	15	新市场开拓/ISO 投资	√	√		
	16	紧急采购（随时）	×			
	17	出售库存（随时）	×			
	18	应收账款贴现（随时）	×			
	19	其他支出	×			
	20	现金收入合计	+0			
	21	现金支出合计	−41			
	22	季末对账（1+21−22）	+83			

新市场开拓/ISO 投资：因为规定年末支付研发费用，所以实验报告市场开发登记表和 ISO 认证登记表上无需记录，直接在经营流程表上记录"√"，如表 3.63 所示。

表 3.63　经营流程表

序号		操作步骤	第1年			
			1Q	2Q	3Q	4Q
年初 7项	1	新年度规划会议	√			
	2	投放广告费	−1			
	3	参加订货会议/登记订单	√			
	4	支付应付税款	−3			
	5	支付长期借款利息	×			
	6	更新"长期借款/长期借款还款"	×			
	7	申请长期借款	+100（5）			
季中 22项	1	季初盘点	+124	+83		
	2	更新"短期借款/短期借款还本付息"	√	√		
	3	申请短期借款	×	×		
	4	原材料入库/更新原料订单	−2	×		
	5	下原料订单	×	√		
	6	购买/租用厂房	−30	×		
	7	更新生产/完工入库	√	√		
	8	新建/在建/转产/变卖生产线	−5	−5		
	9	开始下一批生产	−2	−1		
	10	更新"应收账款/应收账款收现"	√	+10		
	11	按订单交货	×	×		
	12	产品研发投资	−1	−1		
	13	厂房出售（买转租）/退租/租转买	×	×		
	14	支付管理费/更新厂房租金	−1	−1		
	15	新市场开拓/ISO投资	√	√		
	16	紧急采购（随时）	×			
	17	出售库存（随时）	×			
	18	应收账款贴现（随时）	×			
	19	其他支出	×			
	20	现金收入合计	+0			
	21	现金支出合计	−41			
	22	季末对账（1+21−22）	+83			

　　紧急采购（随时）：因为不涉及，所以在经营流程表上记录"×"，如表 3.64 所示。

表 3. 64　经营流程表

序号		操作步骤	第1年			
			1Q	2Q	3Q	4Q
年初7项	1	新年度规划会议	√			
	2	投放广告费	−1			
	3	参加订货会议/登记订单	√			
	4	支付应付税款	−3			
	5	支付长期借款利息	×			
	6	更新"长期借款/长期借款还款"	×			
	7	申请长期借款	+100（5）			
季中22项	1	季初盘点	+124	+83		
	2	更新"短期借款/短期借款还本付息"	√	√		
	3	申请短期借款	×	×		
	4	原材料入库/更新原料订单	−2	×		
	5	下原料订单	×	√		
	6	购买/租用厂房	−30	×		
	7	更新生产/完工入库	√	√		
	8	新建/在建/转产/变卖生产线	−5	−5		
	9	开始下一批生产	−2	−1		
	10	更新"应收账款/应收账款收现"	√	+10		
	11	按订单交货	×	×		
	12	产品研发投资	−1	−1		
	13	厂房出售（买转租）/退租/租转买	×	×		
	14	支付管理费/更新厂房租金	−1	−1		
	15	新市场开拓/ISO 投资	√	√		
	16	紧急采购（随时）	×	×		
	17	出售库存（随时）	×			
	18	应收账款贴现（随时）	×			
	19	其他支出	×			
	20	现金收入合计	+0			
	21	现金支出合计	−41			
	22	季末对账（1+21−22）	+83			

出售库存（随时）：因为不涉及，所以在经营流程表上记录"×"，如表 3. 65 所示。

表 3.65 经营流程表

序号		操作步骤	第1年			
			1Q	2Q	3Q	4Q
年初7项	1	新年度规划会议	√			
	2	投放广告费	−1			
	3	参加订货会议/登记订单	√			
	4	支付应付税款	−3			
	5	支付长期借款利息	×			
	6	更新"长期借款/长期借款还款"	×			
	7	申请长期借款	+100（5）			
季中22项	1	季初盘点	+124	+83		
	2	更新"短期借款/短期借款还本付息"	√	√		
	3	申请短期借款	×	×		
	4	原材料入库/更新原料订单	−2	×		
	5	下原料订单	×	√		
	6	购买/租用厂房	−30	×		
	7	更新生产/完工入库	√	√		
	8	新建/在建/转产/变卖生产线	−5	−5		
	9	开始下一批生产	−2	−1		
	10	更新"应收账款/应收账款收现"	√	+10		
	11	按订单交货	×	×		
	12	产品研发投资	−1	−1		
	13	厂房出售（买转租）/退租/租转买	×	×		
	14	支付管理费/更新厂房租金	−1	−1		
	15	新市场开拓/ISO投资	√	√		
	16	紧急采购（随时）	×	×		
	17	出售库存（随时）	×	×		
	18	应收账款贴现（随时）	×			
	19	其他支出	×			
	20	现金收入合计	+0			
	21	现金支出合计	−41			
	22	季末对账（1+21−22）	+83			

应收账款贴现（随时）：因为不涉及，所以在经营流程表上记录"×"，如表 3.66 所示。

表 3.66　经营流程表

序号		操作步骤	第 1 年			
			1Q	2Q	3Q	4Q
年初7项	1	新年度规划会议	√			
	2	投放广告费	−1			
	3	参加订货会议/登记订单	√			
	4	支付应付税款	−3			
	5	支付长期借款利息	×			
	6	更新"长期借款/长期借款还款"	×			
	7	申请长期借款	+100（5）			
季中22项	1	季初盘点	+124	+83		
	2	更新"短期借款/短期借款还本付息"	√	√		
	3	申请短期借款	×	×		
	4	原材料入库/更新原料订单	−2	×		
	5	下原料订单	×	√		
	6	购买/租用厂房	−30	×		
	7	更新生产/完工入库	√	√		
	8	新建/在建/转产/变卖生产线	−5	−5		
	9	开始下一批生产	−2	−1		
	10	更新"应收账款/应收账款收现"	√	+10		
	11	按订单交货	×	×		
	12	产品研发投资	−1	−1		
	13	厂房出售（买转租）/退租/租转买	×	×		
	14	支付管理费/更新厂房租金	−1	−1		
	15	新市场开拓/ISO 投资	√	√		
	16	紧急采购（随时）	×	×		
	17	出售库存（随时）	×	×		
	18	应收账款贴现（随时）	×	×		
	19	其他支出	×			
	20	现金收入合计	+0			
	21	现金支出合计	−41			
	22	季末对账（1+21−22）	+83			

其他支出：因为不涉及，所以在经营流程表上记录"×"，如表 3.67 所示。

表 3.67 经营流程表

序号		操作步骤	第1年			
			1Q	2Q	3Q	4Q
年初7项	1	新年度规划会议	√			
	2	投放广告费	−1			
	3	参加订货会议/登记订单	√			
	4	支付应付税款	−3			
	5	支付长期借款利息	×			
	6	更新"长期借款/长期借款还款"	×			
	7	申请长期借款	+100（5）			
季中22项	1	季初盘点	+124	+83		
	2	更新"短期借款/短期借款还本付息"	√	√		
	3	申请短期借款	×	×		
	4	原材料入库/更新原料订单	−2	×		
	5	下原料订单	×	√		
	6	购买/租用厂房	−30	×		
	7	更新生产/完工入库	√	√		
	8	新建/在建/转产/变卖生产线	−5	−5		
	9	开始下一批生产	−2	−1		
	10	更新"应收账款/应收账款收现"	√	+10		
	11	按订单交货	×	×		
	12	产品研发投资	−1	−1		
	13	厂房出售（买转租）/退租/租转买	×	×		
	14	支付管理费/更新厂房租金	−1	−1		
	15	新市场开拓/ISO 投资	√	√		
	16	紧急采购（随时）	×	×		
	17	出售库存（随时）	×	×		
	18	应收账款贴现（随时）	×	×		
	19	其他支出	×	×		
	20	现金收入合计	+0			
	21	现金支出合计	−41			
	22	季末对账（1+21−22）	+83			

现金收入合计：把从第2项更新"短期借款/短期借款还本付息"到第19项其他支出的现金流入加起来，然后在流程表中记录"+10"，如表3.68所示。

表 3.68　经营流程表

序号		操作步骤	第 1 年			
			1Q	2Q	3Q	4Q
年初 7 项	1	新年度规划会议	√			
	2	投放广告费	−1			
	3	参加订货会议/登记订单	√			
	4	支付应付税款	−3			
	5	支付长期借款利息	×			
	6	更新"长期借款/长期借款还款"	×			
	7	申请长期借款	+100（5）			
季中 22 项	1	季初盘点	+124	+83		
	2	更新"短期借款/短期借款还本付息"	√	√		
	3	申请短期借款	×	×		
	4	原材料入库/更新原料订单	−2	×		
	5	下原料订单	×	√		
	6	购买/租用厂房	−30	×		
	7	更新生产/完工入库	√	√		
	8	新建/在建/转产/变卖生产线	−5	−5		
	9	开始下一批生产	−2	−1		
	10	更新"应收账款/应收账款收现"	√	+10		
	11	按订单交货	×	×		
	12	产品研发投资	−1	−1		
	13	厂房出售（买转租）/退租/租转买	×	×		
	14	支付管理费/更新厂房租金	−1	−1		
	15	新市场开拓/ISO 投资	√	√		
	16	紧急采购（随时）	×	×		
	17	出售库存（随时）	×	×		
	18	应收账款贴现（随时）	×	×		
	19	其他支出	×	×		
	20	现金收入合计	+0	+10		
	21	现金支出合计	−41			
	22	季末对账（1+21−22）	+83			

现金支出合计：把从第 2 项更新"短期借款/短期借款还本付息"到第 19 项其他支出的现金流出加起来，然后在流程表中记录"−8"，如表 3.69 所示。

表 3.69　经营流程表

序号		操作步骤	第 1 年			
			1Q	2Q	3Q	4Q
年初7项	1	新年度规划会议	√			
	2	投放广告费	−1			
	3	参加订货会议/登记订单	√			
	4	支付应付税款	−3			
	5	支付长期借款利息	×			
	6	更新"长期借款/长期借款还款"	×			
	7	申请长期借款	+100（5）			
季中22项	1	季初盘点	+124	+83		
	2	更新"短期借款/短期借款还本付息"	√	√		
	3	申请短期借款	×	×		
	4	原材料入库/更新原料订单	−2	×		
	5	下原料订单	×	√		
	6	购买/租用厂房	−30	×		
	7	更新生产/完工入库	√	√		
	8	新建/在建/转产/变卖生产线	−5	−5		
	9	开始下一批生产	−2	−1		
	10	更新"应收账款/应收账款收现"	√	+10		
	11	按订单交货	×	×		
	12	产品研发投资	−1	−1		
	13	厂房出售（买转租）/退租/租转买	×	×		
	14	支付管理费/更新厂房租金	−1	−1		
	15	新市场开拓/ISO 投资	√	√		
	16	紧急采购（随时）	×	×		
	17	出售库存（随时）	×	×		
	18	应收账款贴现（随时）	×	×		
	19	其他支出	×	×		
	20	现金收入合计	+0	+10		
	21	现金支出合计	−41	−8		
	22	季末对账（1+21−22）	+83			

　　季末对账（1+20−21）：按公式计算，然后在流程表中记录"+85"，如表 3.70 所示。

表 3.70　经营流程表

序号		操作步骤	第 1 年			
			1Q	2Q	3Q	4Q
年初 7 项	1	新年度规划会议	√			
	2	投放广告费	−1			
	3	参加订货会议/登记订单	√			
	4	支付应付税款	−3			
	5	支付长期借款利息	×			
	6	更新"长期借款/长期借款还款"	×			
	7	申请长期借款	+100（5）			
季中 22 项	1	季初盘点	+124	+83		
	2	更新"短期借款/短期借款还本付息"	√	√		
	3	申请短期借款	×	×		
	4	原材料入库/更新原料订单	−2	×		
	5	下原料订单	×	√		
	6	购买/租用厂房	−30	×		
	7	更新生产/完工入库	√	√		
	8	新建/在建/转产/变卖生产线	−5	−5		
	9	开始下一批生产	−2	−1		
	10	更新"应收账款/应收账款收现"	√	+10		
	11	按订单交货	×	×		
	12	产品研发投资	−1	−1		
	13	厂房出售（买转租）/退租/租转买	×	×		
	14	支付管理费/更新厂房租金	−1	−1		
	15	新市场开拓/ISO 投资	√	√		
	16	紧急采购（随时）	×	×		
	17	出售库存（随时）	×	×		
	18	应收账款贴现（随时）	×	×		
	19	其他支出	×	×		
	20	现金收入合计	+0	+10		
	21	现金支出合计	−41	−8		
	22	季末对账（1+21−22）	+83	+85		

（3）年末 5 项

无需操作。

3.2.3　第 1 年第 3 季

（1）年初 7 项

无需操作。

（2）季中 22 项

季初盘点：因为第二期期末剩余现金 85，所以本期期初剩余现金 85，在经营流程表中记录"+85"，如表 3.71 所示。

表 3.71　经营流程表

序号		操作步骤	第 1 年			
			1Q	2Q	3Q	4Q
年初7项	1	新年度规划会议	√			
	2	投放广告费	−1			
	3	参加订货会议/登记订单	√			
	4	支付应付税款	−3			
	5	支付长期借款利息	×			
	6	更新"长期借款/长期借款还款"	×			
	7	申请长期借款	+100（5）			
季中22项	1	季初盘点	+124	+83	+85	
	2	更新"短期借款/短期借款还本付息"	√	√		
	3	申请短期借款	×	×		
	4	原材料入库/更新原料订单	−2	×		
	5	下原料订单	×	√		
	6	购买/租用厂房	−30	×		
	7	更新生产/完工入库	√	√		
	8	新建/在建/转产/变卖生产线	−5	−5		
	9	开始下一批生产	−2	−1		
	10	更新"应收账款/应收账款收现"	√	+10		
	11	按订单交货	×	×		
	12	产品研发投资	−1	−1		
	13	厂房出售（买转租）/退租/租转买	×	×		
	14	支付管理费/更新厂房租金	−1	−1		
	15	新市场开拓/ISO 投资	√	√		
	16	紧急采购（随时）	×	×		
	17	出售库存（随时）	×	×		
	18	应收账款贴现（随时）	×	×		
	19	其他支出	×	×		
	20	现金收入合计	+0	+10		
	21	现金支出合计	−41	−8		
	22	季末对账（1+21−22）	+83	+85		

更新"短期借款/短期借款还本付息":将沙盘桌面 2Q 位置的短期借款从 2Q 位置推到 1Q,此时沙盘桌面 1Q 位置的短期借款已到期,需要还本付息合计支付 21M,如图 3.24 所示;然后在经营流程表上记录"-21",如表 3.72 所示。

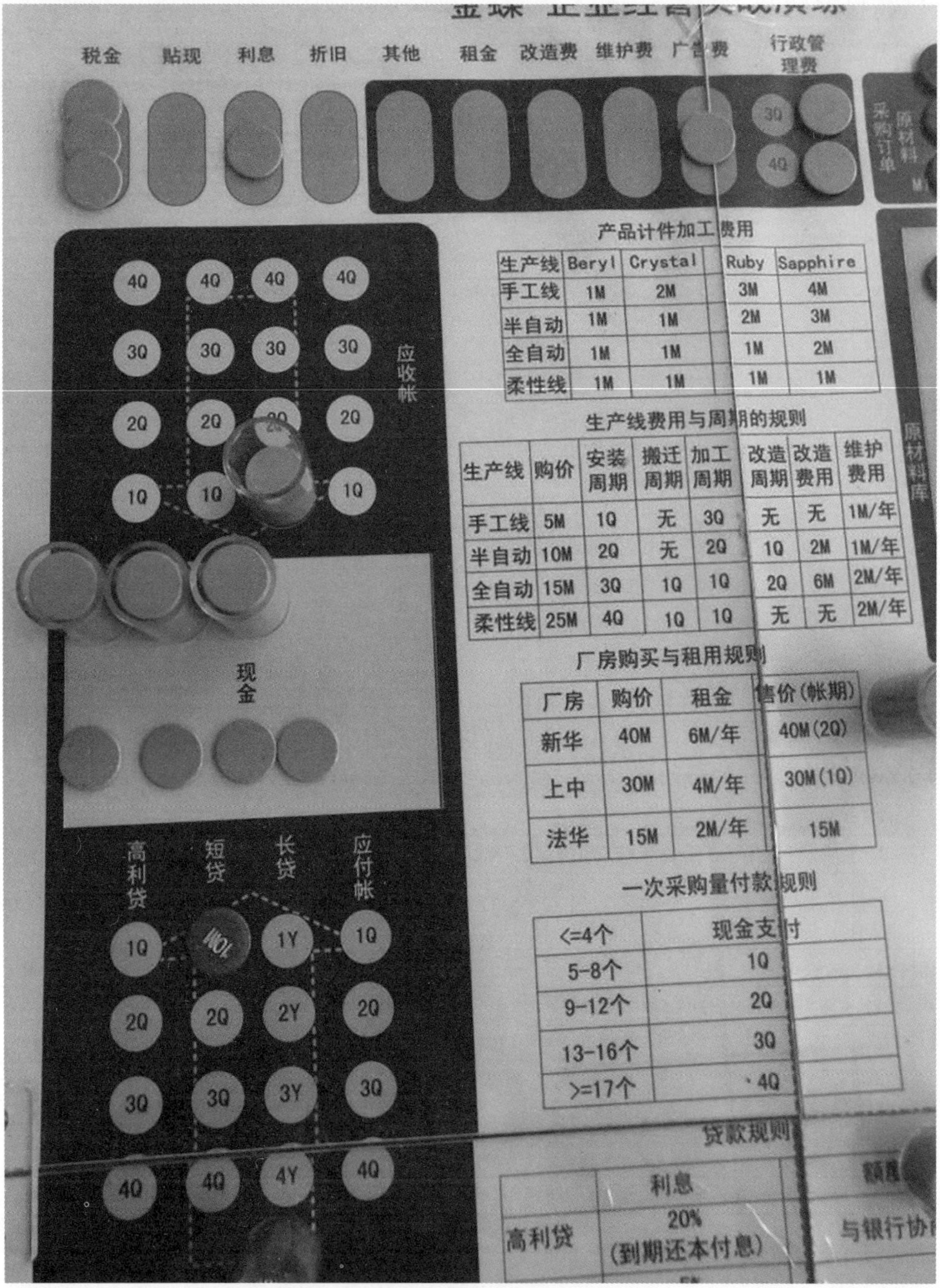

图 3.24 更新"短期借款/短期借款还本付息"

表 3.72 经营流程表

序号		操作步骤	第 1 年			
			1Q	2Q	3Q	4Q
年初 7项	1	新年度规划会议	√			
	2	投放广告费	−1			
	3	参加订货会议/登记订单	√			
	4	支付应付税款	−3			
	5	支付长期借款利息	×			
	6	更新"长期借款/长期借款还款"	×			
	7	申请长期借款	+100（5）			
季中 22项	1	季初盘点	+124	+83	+85	
	2	更新"短期借款/短期借款还本付息"	√	√	−21	
	3	申请短期借款	×	×		
	4	原材料入库/更新原料订单	−2	×		
	5	下原料订单	×	√		
	6	购买/租用厂房	−30	×		
	7	更新生产/完工入库	√	√		
	8	新建/在建/转产/变卖生产线	−5	−5		
	9	开始下一批生产	−2	−1		
	10	更新"应收账款/应收账款收现"	√	+10		
	11	按订单交货	×	×		
	12	产品研发投资	−1	−1		
	13	厂房出售（买转租）/退租/租转买	×	×		
	14	支付管理费/更新厂房租金	−1	−1		
	15	新市场开拓/ISO 投资	√	√		
	16	紧急采购（随时）	×	×		
	17	出售库存（随时）	×	×		
	18	应收账款贴现（随时）	×	×		
	19	其他支出	×	×		
	20	现金收入合计	+0	+10		
	21	现金支出合计	−41	−8		
	22	季末对账（1+21−22）	+83	+85		

申请短期借款：因为不涉及，所以在经营流程表上记录"×"，如表 3.73 所示。

表 3.73　经营流程表

序号		操作步骤	第 1 年			
			1Q	2Q	3Q	4Q
年初 7 项	1	新年度规划会议	√			
	2	投放广告费	-1			
	3	参加订货会议/登记订单	√			
	4	支付应付税款	-3			
	5	支付长期借款利息	×			
	6	更新"长期借款/长期借款还款"	×			
	7	申请长期借款	+100（5）			
季中 22 项	1	季初盘点	+124	+83	+85	
	2	更新"短期借款/短期借款还本付息"	√	√	-21	
	3	申请短期借款	×	×	×	
	4	原材料入库/更新原料订单	-2	×		
	5	下原料订单	×	√		
	6	购买/租用厂房	-30			
	7	更新生产/完工入库	√	√		
	8	新建/在建/转产/变卖生产线	-5	-5		
	9	开始下一批生产	-2	-1		
	10	更新"应收账款/应收账款收现"	√	+10		
	11	按订单交货	×	×		
	12	产品研发投资	-1	-1		
	13	厂房出售（买转租）/退租/租转买	×	×		
	14	支付管理费/更新厂房租金	-1	-1		
	15	新市场开拓/ISO 投资	√	√		
	16	紧急采购（随时）	×	×		
	17	出售库存（随时）	×	×		
	18	应收账款贴现（随时）	×	×		
	19	其他支出	×	×		
	20	现金收入合计	+0	+10		
	21	现金支出合计	-41	-8		
	22	季末对账（1+21-22）	+83	+85		

原材料入库/更新原料订单：由于第二季有三个 M1 原材料订单，此时到货了，采购与仓储部门向财务要 3M 灰币支付原材料费用，将到货的三个 M1 原材料放入原材料仓库，如图 3.25；在实验报告原材料采购及付款登记表上记录原材料入库情况，如表 3.74 所示；然后在经营流程表上记录"-3"，如表 3.75 所示。

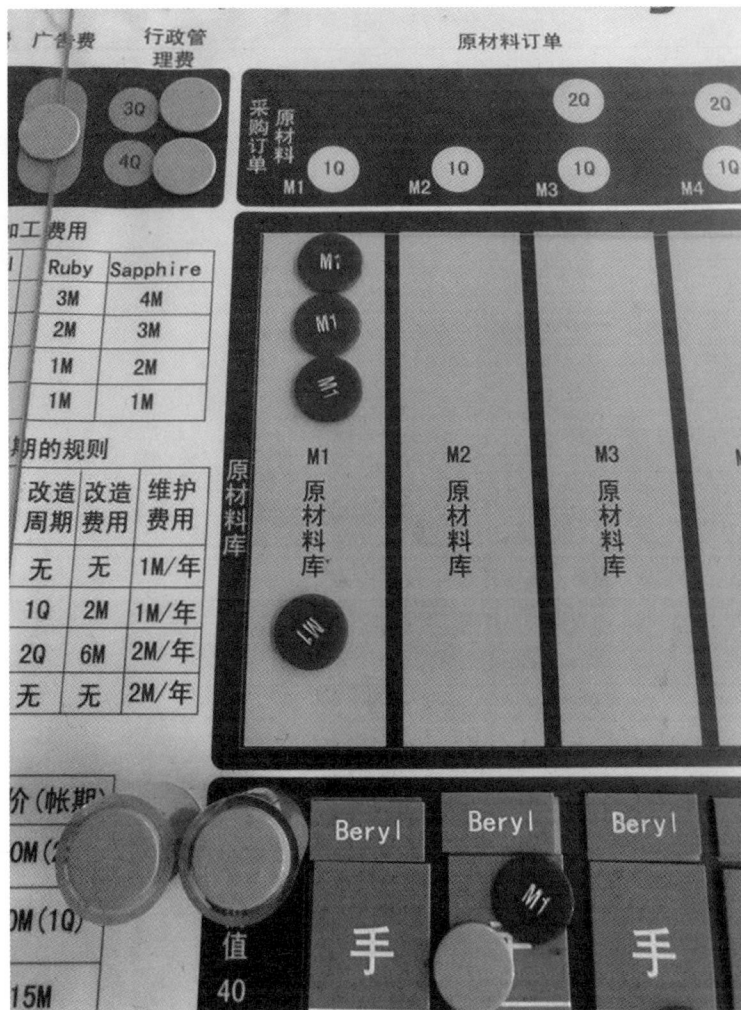

图 3.25   原材料入库/更新原料订单

表 3.74   原材料采购及付款登记表

年份		第一年																
季度	期初	1 季度				2 季度				3 季度				4 季度			
原材料		M1	M2	M3	M4	M1	M2	M3	M4	M1	M2	M3	M4	M1	M2	M3	M4
订购数量	2M1					3											
采购入库		2								3							
应付材料款		2								3							
剩余数量	2M1	2				1				4							

表 3.75　经营流程表

序号		操作步骤	第1年			
			1Q	2Q	3Q	4Q
年初7项	1	新年度规划会议	√			
	2	投放广告费	−1			
	3	参加订货会议/登记订单	√			
	4	支付应付税款	−3			
	5	支付长期借款利息	×			
	6	更新"长期借款/长期借款还款"	×			
	7	申请长期借款	+100（5）			
季中22项	1	季初盘点	+124	+83	+85	
	2	更新"短期借款/短期借款还本付息"	√	√	−21	
	3	申请短期借款	×	×	×	
	4	原材料入库/更新原料订单	−2	×	−3	
	5	下原料订单	×	√		
	6	购买/租用厂房	−30	×		
	7	更新生产/完工入库	√	√		
	8	新建/在建/转产/变卖生产线	−5	−5		
	9	开始下一批生产	−2	−1		
	10	更新"应收账款/应收账款收现"	√	+10		
	11	按订单交货	×	×		
	12	产品研发投资	−1	−1		
	13	厂房出售（买转租）/退租/租转买	×	×		
	14	支付管理费/更新厂房租金	−1	−1		
	15	新市场开拓/ISO投资	√	√		
	16	紧急采购（随时）	×	×		
	17	出售库存（随时）	×	×		
	18	应收账款贴现（随时）	×	×		
	19	其他支出	×	×		
	20	现金收入合计	+0	+10		
	21	现金支出合计	−41	−8		
	22	季末对账（1+21−22）	+83	+85		

下原料订单：因为不涉及，所以在经营流程表上记录"×"，如表 3.76 所示。

表 3.76　经营流程表

序号		操作步骤	第 1 年			
			1Q	2Q	3Q	4Q
年初 7 项	1	新年度规划会议	√			
	2	投放广告费	−1			
	3	参加订货会议/登记订单	√			
	4	支付应付税款	−3			
	5	支付长期借款利息	×			
	6	更新"长期借款/长期借款还款"	×			
	7	申请长期借款	+100（5）			
季中 22 项	1	季初盘点	+124	+83	+85	
	2	更新"短期借款/短期借款还本付息"	√	√	−21	
	3	申请短期借款	×	×	×	
	4	原材料入库/更新原料订单	−2	×	−3	
	5	下原料订单	×	√	×	
	6	购买/租用厂房	−30	×		
	7	更新生产/完工入库	√	√		
	8	新建/在建/转产/变卖生产线	−5	−5		
	9	开始下一批生产	−2	−1		
	10	更新"应收账款/应收账款收现"	√	+10		
	11	按订单交货	×	×		
	12	产品研发投资	−1	−1		
	13	厂房出售（买转租）/退租/租转买	×	×		
	14	支付管理费/更新厂房租金	−1	−1		
	15	新市场开拓/ISO 投资	√	√		
	16	紧急采购（随时）	×	×		
	17	出售库存（随时）	×	×		
	18	应收账款贴现（随时）	×	×		
	19	其他支出	×	×		
	20	现金收入合计	+0	+10		
	21	现金支出合计	−41	−8		
	22	季末对账（1+21−22）	+83	+85		

购买/租用厂房：因为不涉及，所以在经营流程表上记录"×"，如表 3.77 所示。

表 3.77　经营流程表

序号		操作步骤	第 1 年			
			1Q	2Q	3Q	4Q
年初 7 项	1	新年度规划会议	√			
	2	投放广告费	−1			
	3	参加订货会议/登记订单	√			
	4	支付应付税款	−3			
	5	支付长期借款利息	×			
	6	更新"长期借款/长期借款还款"	×			
	7	申请长期借款	+100（5）			
季中 22 项	1	季初盘点	+124	+83	+85	
	2	更新"短期借款/短期借款还本付息"	√	√	−21	
	3	申请短期借款	×	×	×	
	4	原材料入库/更新原料订单	−2	×	−3	
	5	下原料订单	×	√	×	
	6	购买/租用厂房	−30	×	×	
	7	更新生产/完工入库	√	√		
	8	新建/在建/转产/变卖生产线	−5	−5		
	9	开始下一批生产	−2	−1		
	10	更新"应收账款/应收账款收现"	√	+10		
	11	按订单交货	×	×		
	12	产品研发投资	−1	−1		
	13	厂房出售（买转租）/退租/租转买	×	×		
	14	支付管理费/更新厂房租金	−1	−1		
	15	新市场开拓/ISO 投资	√	√		
	16	紧急采购（随时）	×	×		
	17	出售库存（随时）	×	×		
	18	应收账款贴现（随时）	×	×		
	19	其他支出	×	×		
	20	现金收入合计	+0	+10		
	21	现金支出合计	−41	−8		
	22	季末对账（1+21−22）	+83	+85		

更新生产/完工入库：将手工生产线 1 上面的在制品从 3Q 位置拿下来换成 Beryl 产品放入库存商品仓库，将手工生产线 2 上面的在制品从 1Q 推到 2Q 位置，将手工生产线 3 和手工生产线 4 上面的在制品从 2Q 推到 3Q 位置，如图 3.26 所示；在实验报告生产部门产能手工记录表上记录更新生产情况，如表 3.78 所示；在实验报告仓储部门产成品统计表上记录完工入库情况，如表 3.79 所示；然后在经营流程表上记录"√"，

如表 3.80 所示。

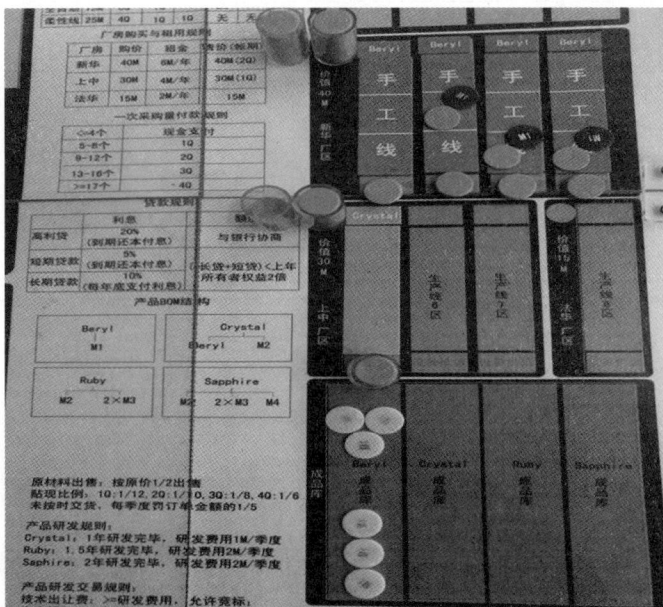

图 3.26 更新生产/完工入库

表 3.78 产能手工记录表

厂房	生产线			第一年			
				1 季度	2 季度	3 季度	4 季度
A（已有）	生产线 1 名称	手工线	产品名称	P1	P1-2	P1-3	
			材料名称	M1			
	生产线 2 名称	手工线	产品名称	P1	P1-3	P1-1	P1-2
			材料名称	M1		M1	
	生产线 3 名称	手工线	产品名称	P1	P1-1	P1-2	P1-3
			材料名称	M1	M1		
	生产线 4 名称	手工线	产品名称	P1	P1-1	P1-2	P1-3
			材料名称	M1	M1		
B（新购）	生产线 5 名称	半自动线	产品名称	P1	安装中	安装中	
			材料名称	M1			
	生产线 6 名称		产品名称				
			材料名称				
	生产线 7 名称		产品名称				
			材料名称				
C	生产线 8 名称		产品名称				
			材料名称				

表 3.79　产成品统计表

年份	第一年											
季度	1 季度			2 季度			3 季度			4 季度		
项目	入库	出库	剩余	入库	出库	剩余	入库	出库	剩余	入库	出库	剩余
P1	2		4	1		5	1		6			
P2												
P3												
P4												

表 3.80　经营流程表

序号		操作步骤	第 1 年			
			1Q	2Q	3Q	4Q
年初 7 项	1	新年度规划会议	√			
	2	投放广告费	−1			
	3	参加订货会议/登记订单	√			
	4	支付应付税款	−3			
	5	支付长期借款利息	×			
	6	更新"长期借款/长期借款还款"	×			
	7	申请长期借款	+100（5）			
季中 22 项	1	季初盘点	+124	+83	+85	
	2	更新"短期借款/短期借款还本付息"	√	√	−21	
	3	申请短期借款	×	×	×	
	4	原材料入库/更新原料订单	−2	×	−3	
	5	下原料订单	×	√	×	
	6	购买/租用厂房	−30	×	×	
	7	更新生产/完工入库	√	√	√	
	8	新建/在建/转产/变卖生产线	−5	−5		
	9	开始下一批生产	−2	−1		
	10	更新"应收账款/应收账款收现"	√	+10		
	11	按订单交货	×	×		
	12	产品研发投资	−1	−1		
	13	厂房出售（买转租）/退租/租转买	×	×		
	14	支付管理费/更新厂房租金	−1	−1		
	15	新市场开拓/ISO 投资	√	√		
	16	紧急采购（随时）	×	×		
	17	出售库存（随时）	×	×		
	18	应收账款贴现（随时）	×	×		
	19	其他支出	×	×		
	20	现金收入合计	+0	+10		
	21	现金支出合计	−41	−8		
	22	季末对账（1+21−22）	+83	+85		

新建/在建/转产/变卖生产线：生产部门将半自动生产线标志正面朝上，表示安装完成，如图 3.27 所示；然后在经营流程表中记录"√"，如表 3.81 所示。

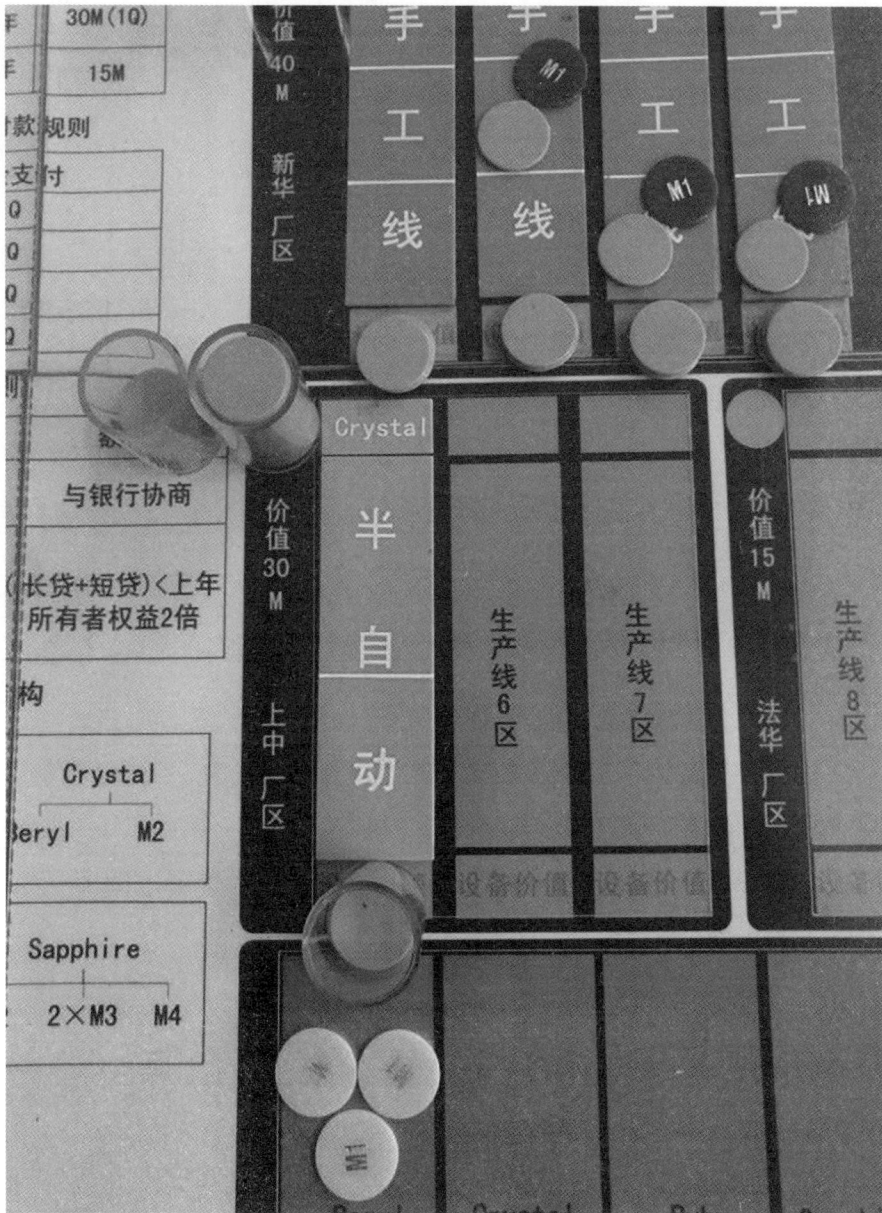

图 3.27 新建/在建/转产/变卖生产线

表 3.81　经营流程表

序号		操作步骤	第 1 年			
			1Q	2Q	3Q	4Q
年初 7 项	1	新年度规划会议	√			
	2	投放广告费	−1			
	3	参加订货会议/登记订单	√			
	4	支付应付税款	−3			
	5	支付长期借款利息	×			
	6	更新"长期借款/长期借款还款"	×			
	7	申请长期借款	+100（5）			
季中 22 项	1	季初盘点	+124	+83	+85	
	2	更新"短期借款/短期借款还本付息"	√	√	−21	
	3	申请短期借款	×	×	×	
	4	原材料入库/更新原料订单	−2	×	−3	
	5	下原料订单	×	√	×	
	6	购买/租用厂房	−30	×	×	
	7	更新生产/完工入库	√	√	√	
	8	新建/在建/转产/变卖生产线	−5	−5	√	
	9	开始下一批生产	−2	−1		
	10	更新"应收账款/应收账款收现"	√	+10		
	11	按订单交货	×	×		
	12	产品研发投资	−1	−1		
	13	厂房出售（买转租）/退租/租转买	×	×		
	14	支付管理费/更新厂房租金	−1	−1		
	15	新市场开拓/ISO 投资	√	√		
	16	紧急采购（随时）	×	×		
	17	出售库存（随时）	×	×		
	18	应收账款贴现（随时）	×	×		
	19	其他支出	×	×		
	20	现金收入合计	+0	+10		
	21	现金支出合计	−41	−8		
	22	季末对账（1+21−22）	+83	+85		

开始下一批生产：生产部门向采购与仓储部门要 1 个 M1 原材料，向财务部门要 1 个灰币，将一个 M1 原材料和 1 个灰币放在手工生产线 1 的 1Q 位置，此时，手工生产线 1 上的 Beryl 产品开始上线生产，如图 3.28 所示；在实验报告采购与仓储部门原材料采购及付款登记表上记录原材料减少情况，如表 3.82 所示；在实验报告生产部门产能手工记录表上记录生产情况，如表 3.83 所示；然后在经营流程表中记录"−1"，如表 3.84 所示。

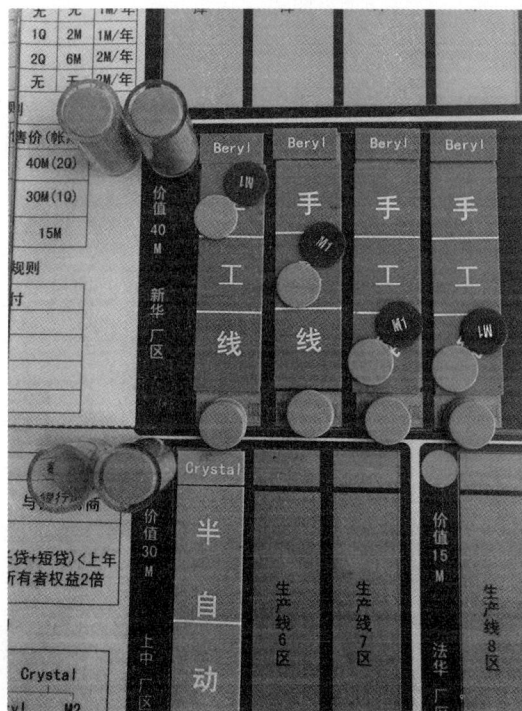

图 3.28　开始下一批生产

表 3.82　原材料采购及付款登记表

年份		第一年															
季度	期初	1 季度				2 季度				3 季度				4 季度			
原材料		M1	M2	M3	M4	M1	M2	M3	M4	M1	M2	M3	M4	M1	M2	M3	M4
订购数量	2M1					3											
采购入库		2								3							
应付材料款		2								3							
剩余数量	2M1	2				1				3							

表 3.83　产能手工记录表

厂房	生产线				第一年			
					1 季度	2 季度	3 季度	4 季度
A （已有）	生产线 1 名称	手工线	产品名称	P1	P1-2	P1-3	P1-1	
			材料名称	M1			M1	
	生产线 2 名称	手工线	产品名称	P1	P1-3	P1-1	P1-2	
			材料名称	M1		M1		
	生产线 3 名称	手工线	产品名称	P1	P1-1	P1-2	P1-3	
			材料名称	M1	M1			
	生产线 4 名称	手工线	产品名称	P1	P1-1	P1-2	P1-3	
			材料名称	M1	M1			

續表 3. 83

廠房	生產線			第一年			
				1 季度	2 季度	3 季度	4 季度
B（新購）	生產線 5 名稱	半自動線	產品名稱	P1	安裝中	安裝中	
			材料名稱	M1			
	生產線 6 名稱		產品名稱				
			材料名稱				
	生產線 7 名稱		產品名稱				
			材料名稱				
C	生產線 8 名稱		產品名稱				
			材料名稱				

表 3. 84　經營流程表

序號		操作步驟	第 1 年			
			1Q	2Q	3Q	4Q
年初7項	1	新年度規劃會議	√			
	2	投放廣告費	−1			
	3	參加訂貨會議/登記訂單	√			
	4	支付應付稅款	−3			
	5	支付長期借款利息	×			
	6	更新"長期借款/長期借款還款"	×			
	7	申請長期借款	+100（5）			
季中22項	1	季初盤點	+124	+83	+85	
	2	更新"短期借款/短期借款還本付息"	√	√	−21	
	3	申請短期借款	×	×	×	
	4	原材料入庫/更新原料訂單	−2	×	−3	
	5	下原料訂單	×	√	×	
	6	購買/租用廠房	−30	×	×	
	7	更新生產/完工入庫	√	√	√	
	8	新建/在建/轉產/變賣生產線	−5	−5	√	
	9	開始下一批生產	−2	−1	−1	
	10	更新"應收賬款/應收賬款收現"	√	+10		
	11	按訂單交貨	×	×		
	12	產品研發投資	−1	−1		
	13	廠房出售（買轉租）/退租/租轉買	×	×		
	14	支付管理費/更新廠房租金	−1	−1		
	15	新市場開拓/ISO 投資	√	√		
	16	緊急採購（隨時）	×	×		
	17	出售庫存（隨時）	×	×		
	18	應收賬款貼現（隨時）	×	×		
	19	其他支出	×	×		
	20	現金收入合計	+0	+10		
	21	現金支出合計	−41	−8		
	22	季末對賬（1+21-22）	+83	+85		

更新"应收账款/应收账款收现"：将沙盘桌面1Q位置的应收账款推到现金库，如图3.29所示；在实验报告财务部门应收账款登记表上记录应收账款更新情况，如表3.85所示；然后在经营流程表上记录"+10"，如表3.86所示。

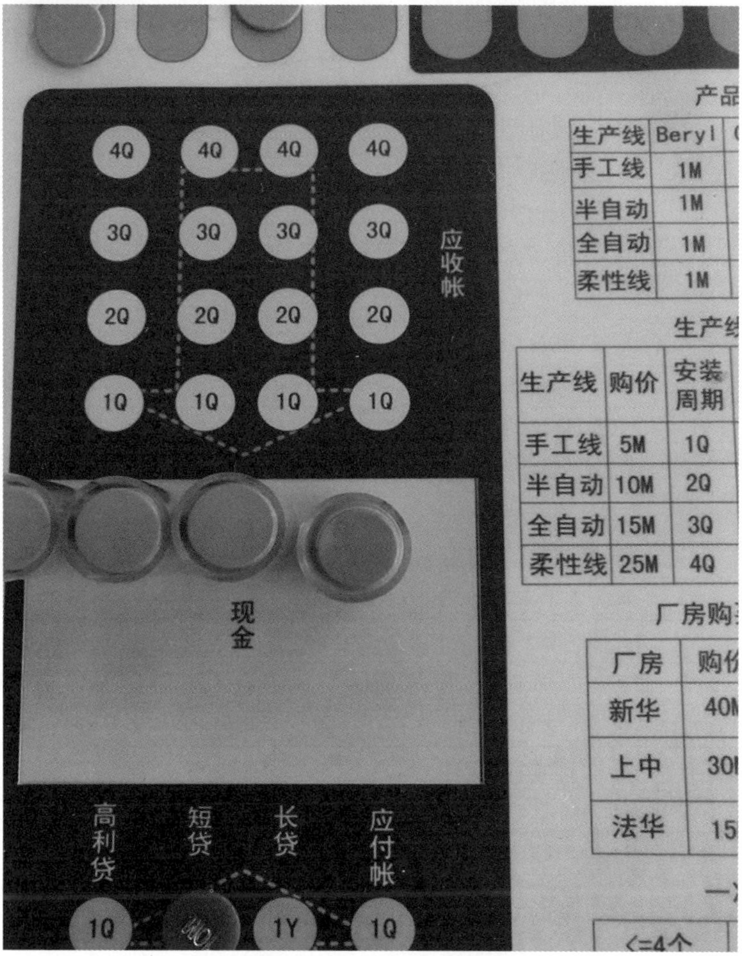

图3.29 更新"应收账款/应收账款收现"

表3.85 应收账款登记表

年份		第一年				第二年				第三年			
季度		1	2	3	4	1	2	3	4	1	2	3	4
应收账期	1	10	10										
	2	10											
	3												
	4												
到期			10	10									
贴现													
贴现费													

表 3.86　经营流程表

序号		操作步骤	第 1 年			
			1Q	2Q	3Q	4Q
年初 7项	1	新年度规划会议	√			
	2	投放广告费	−1			
	3	参加订货会议/登记订单	√			
	4	支付应付税款	−3			
	5	支付长期借款利息	×			
	6	更新"长期借款/长期借款还款"	×			
	7	申请长期借款	+100（5）			
季中 22项	1	季初盘点	+124	+83	+85	
	2	更新"短期借款/短期借款还本付息"	√	√	−21	
	3	申请短期借款	×	×	×	
	4	原材料入库/更新原料订单	−2	×	−3	
	5	下原料订单	×	√	×	
	6	购买/租用厂房	−30	×	×	
	7	更新生产/完工入库	√	√	√	
	8	新建/在建/转产/变卖生产线	−5	−5	√	
	9	开始下一批生产	−2	−1	−1	
	10	更新"应收账款/应收账款收现"	√	+10	+10	
	11	按订单交货	×	×		
	12	产品研发投资	−1	−1		
	13	厂房出售（买转租）/退租/租转买	×	×		
	14	支付管理费/更新厂房租金	−1	−1		
	15	新市场开拓/ISO 投资	√	√		
	16	紧急采购（随时）	×	×		
	17	出售库存（随时）	×	×		
	18	应收账款贴现（随时）	×	×		
	19	其他支出	×	×		
	20	现金收入合计	+0	+10		
	21	现金支出合计	−41	−8		
	22	季末对账（1+21−22）	+83	+85		

按订单交货：销售部门向采购与仓储部门要两个 P1 产品交货，如图 3.30；确认增加账期为 2Q 的应收账款 10M，如图 3.31；在实验报告仓储部门产成品统计表上记录产成品减少情况，如表 3.87 所示；在实验报告财务部门应收账款登记表上记录应收账款增加情况，如表 3.88 所示；然后在经营流程表上记录"√"，如表 3.89 所示。

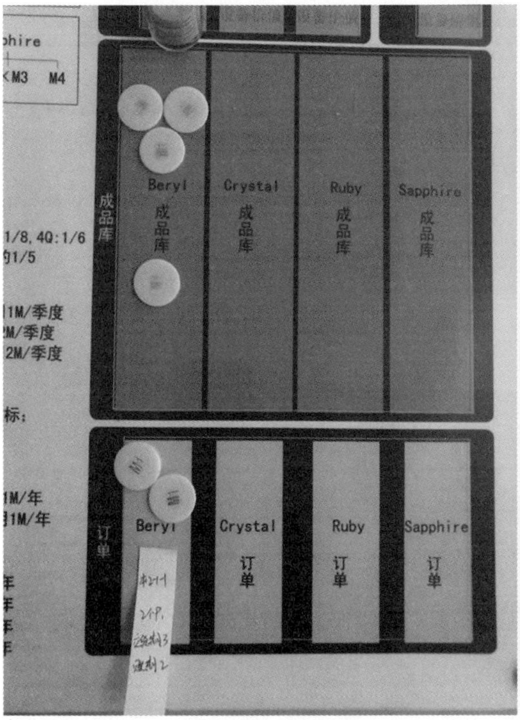

图 3.30　按订单交货

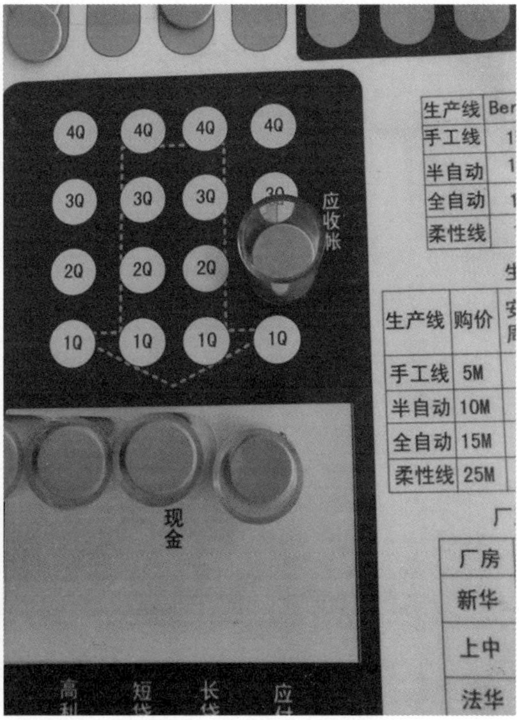

图 3.31　新增应收账款

表 3.87　产成品统计表

年份	第一年											
季度	1 季度			2 季度			3 季度			4 季度		
项目	入库	出库	剩余	入库	出库	剩余	入库	出库	剩余	入库	出库	剩余
P1	2		4	1		5	1	2	4			
P2												
P3												
P4												

表 3.88　应收账款登记表

年份		第一年				第二年				第三年			
季度		1	2	3	4	1	2	3	4	1	2	3	4
应收账期	1	10	10										
	2	10		10									
	3												
	4												
到期			10	10									
贴现													
贴现费													

表 3.89 经营流程表

序号		操作步骤	第 1 年			
			1Q	2Q	3Q	4Q
年初7项	1	新年度规划会议	√			
	2	投放广告费	−1			
	3	参加订货会议/登记订单	√			
	4	支付应付税款	−3			
	5	支付长期借款利息	×			
	6	更新"长期借款/长期借款还款"	×			
	7	申请长期借款	+100（5）			
季中22项	1	季初盘点	+124	+83	+85	
	2	更新"短期借款/短期借款还本付息"	√	√	−21	
	3	申请短期借款	×	×	×	
	4	原材料入库/更新原料订单	−2	×	−3	
	5	下原料订单	×	√	×	
	6	购买/租用厂房	−30	×	×	
	7	更新生产/完工入库	√	√	√	
	8	新建/在建/转产/变卖生产线	−5	−5	√	
	9	开始下一批生产	−2	−1	−1	
	10	更新"应收账款/应收账款收现"	√	+10	+10	
	11	按订单交货	×	×	√	
	12	产品研发投资	−1	−1		
	13	厂房出售（买转租）/退租/租转买	×	×		
	14	支付管理费/更新厂房租金	−1	−1		
	15	新市场开拓/ISO 投资	√	√		
	16	紧急采购（随时）	×	×		
	17	出售库存（随时）	×	×		
	18	应收账款贴现（随时）	×	×		
	19	其他支出	×	×		
	20	现金收入合计	+0	+10		
	21	现金支出合计	−41	−8		
	22	季末对账（1+21−22）	+83	+85		

产品研发投资：生产部门向财务部门要 1M 现金，放在沙盘桌面的 Crystal 产品研发区域 3Q 位置，如图 3.32 所示；在实验报告生产部门产品研发登记表上记录产品研发情况，如表 3.90 所示；然后在经营流程表中记录"−1"，如表 3.91 所示。

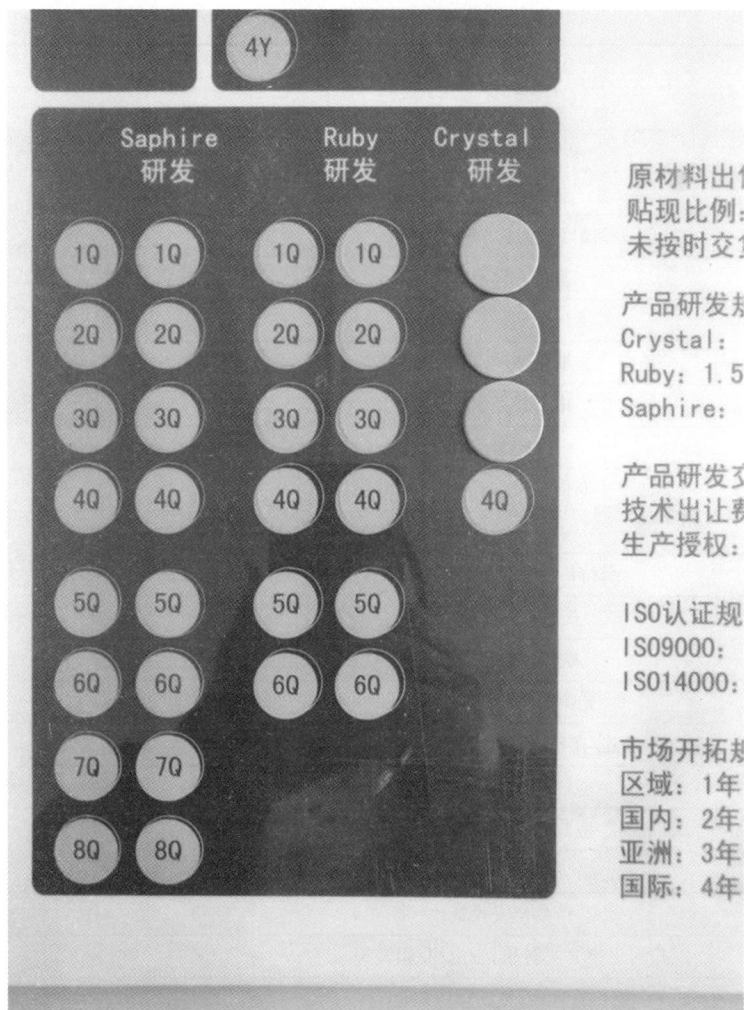

图 3.32 产品研发投资

表 3.90 产品研发登记表

年度	季度	P1	P2	P3	P4	研发费用合计	研发完成
	1 季度		1			1	
	2 季度		1			1	
第一年	3 季度		1			1	
	4 季度						

表 3.91 经营流程表

序号		操作步骤	第 1 年			
			1Q	2Q	3Q	4Q
年初 7 项	1	新年度规划会议	√			
	2	投放广告费	−1			
	3	参加订货会议/登记订单	√			
	4	支付应付税款	−3			
	5	支付长期借款利息	×			
	6	更新"长期借款/长期借款还款"	×			
	7	申请长期借款	+100（5）			
季中 22 项	1	季初盘点	+124	+83	+85	
	2	更新"短期借款/短期借款还本付息"	√	√	−21	
	3	申请短期借款	×	×	×	
	4	原材料入库/更新原料订单	−2	×	−3	
	5	下原料订单	×	√	×	
	6	购买/租用厂房	−30	×	×	
	7	更新生产/完工入库	√	√	√	
	8	新建/在建/转产/变卖生产线	−5	−5	√	
	9	开始下一批生产	−2	−1	−1	
	10	更新"应收账款/应收账款收现"	√	+10	+10	
	11	按订单交货	×	×	√	
	12	产品研发投资	−1	−1	−1	
	13	厂房出售（买转租）/退租/租转买	×	×		
	14	支付管理费/更新厂房租金	−1	−1		
	15	新市场开拓/ISO 投资	√	√		
	16	紧急采购（随时）	×	×		
	17	出售库存（随时）	×	×		
	18	应收账款贴现（随时）	×	×		
	19	其他支出	×	×		
	20	现金收入合计	+0	+10		
	21	现金支出合计	−41	−8		
	22	季末对账（1+21−22）	+83	+85		

厂房出售（买转租）/退租/租转买：因为不涉及，所以在经营流程表上记录"×"，如表 3.92 所示。

表 3.92 经营流程表

序号		操作步骤	第 1 年			
			1Q	2Q	3Q	4Q
年初 7 项	1	新年度规划会议	√			
	2	投放广告费	−1			
	3	参加订货会议/登记订单	√			
	4	支付应付税款	−3			
	5	支付长期借款利息	×			
	6	更新"长期借款/长期借款还款"	×			
	7	申请长期借款	+100（5）			
季中 22 项	1	季初盘点	+124	+83	+85	
	2	更新"短期借款/短期借款还本付息"	√	√	−21	
	3	申请短期借款	×	×	×	
	4	原材料入库/更新原料订单	−2	×	−3	
	5	下原料订单	×	√	×	
	6	购买/租用厂房	−30	×	×	
	7	更新生产/完工入库	√	√	√	
	8	新建/在建/转产/变卖生产线	−5	−5	√	
	9	开始下一批生产	−2	−1	−1	
	10	更新"应收账款/应收账款收现"	√	+10	+10	
	11	按订单交货	×	×	√	
	12	产品研发投资	−1	−1	−1	
	13	厂房出售（买转租）/退租/租转买	×	×	×	
	14	支付管理费/更新厂房租金	−1	−1		
	15	新市场开拓/ISO 投资	√	√		
	16	紧急采购（随时）	×	×		
	17	出售库存（随时）	×	×		
	18	应收账款贴现（随时）	×	×		
	19	其他支出	×	×		
	20	现金收入合计	+0	+10		
	21	现金支出合计	−41	−8		
	22	季末对账（1+21-22）	+83	+85		

支付管理费/更新厂房租金：财务部门从现金库中取 1M，放在沙盘桌面费用区的管理费用 2Q 位置，如图 3.33 所示；然后在经营流程表中记录"−1"，如表 3.93 所示。

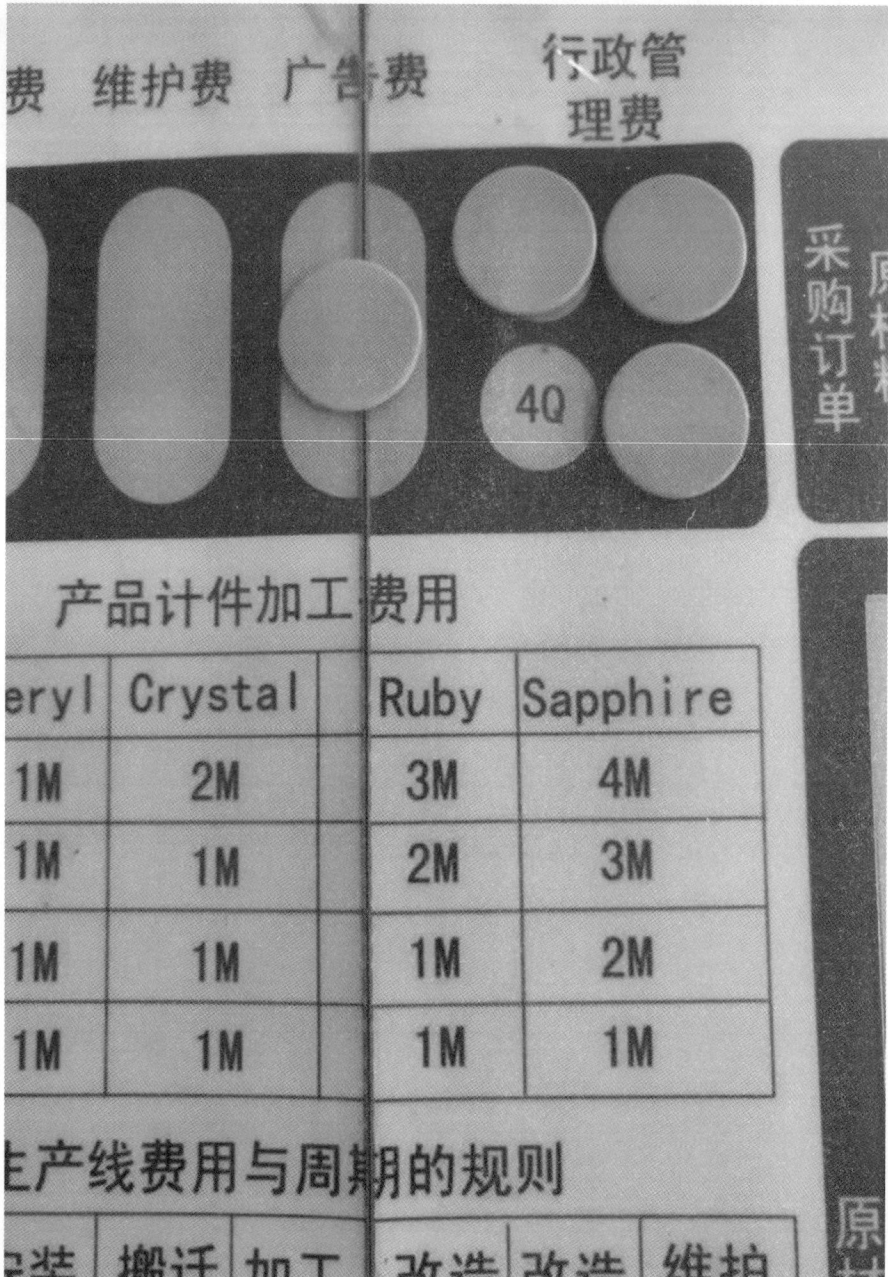

图 3.33　支付管理费/更新厂房租金

表 3.93　经营流程表

序号		操作步骤	第 1 年			
			1Q	2Q	3Q	4Q
年初 7项	1	新年度规划会议	√			
	2	投放广告费	−1			
	3	参加订货会议/登记订单	√			
	4	支付应付税款	−3			
	5	支付长期借款利息	×			
	6	更新"长期借款/长期借款还款"	×			
	7	申请长期借款	+100（5）			
季中 22项	1	季初盘点	+124	+83	+85	
	2	更新"短期借款/短期借款还本付息"	√	√	−21	
	3	申请短期借款	×	×	×	
	4	原材料入库/更新原料订单	−2	×	−3	
	5	下原料订单	×	√	×	
	6	购买/租用厂房	−30	×	×	
	7	更新生产/完工入库	√	√	√	
	8	新建/在建/转产/变卖生产线	−5	−5	√	
	9	开始下一批生产	−2	−1	−1	
	10	更新"应收账款/应收账款收现"	√	+10	+10	
	11	按订单交货	×	×	√	
	12	产品研发投资	−1	−1	−1	
	13	厂房出售（买转租）/退租/租转买	×	×	×	
	14	支付管理费/更新厂房租金	−1	−1	−1	
	15	新市场开拓/ISO 投资	√	√		
	16	紧急采购（随时）	×	×		
	17	出售库存（随时）	×	×		
	18	应收账款贴现（随时）	×	×		
	19	其他支出	×	×		
	20	现金收入合计	+0	+10		
	21	现金支出合计	−41	−8		
	22	季末对账（1+21-22）	+83	+85		

新市场开拓/ISO 投资：因为规定年末支付研发费用，所以实验报告市场开发登记表和 ISO 认证登记表上无需记录，直接在经营流程表上记录"√"，如表 3.94 所示。

表 3.94　经营流程表

序号		操作步骤	第1年			
			1Q	2Q	3Q	4Q
年初7项	1	新年度规划会议	√			
	2	投放广告费	−1			
	3	参加订货会议/登记订单	√			
	4	支付应付税款	−3			
	5	支付长期借款利息	×			
	6	更新"长期借款/长期借款还款"	×			
	7	申请长期借款	+100（5）			
季中22项	1	季初盘点	+124	+83	+85	
	2	更新"短期借款/短期借款还本付息"	√	√	−21	
	3	申请短期借款	×	×	×	
	4	原材料入库/更新原料订单	−2	×	−3	
	5	下原料订单	×	√	×	
	6	购买/租用厂房	−30	×	×	
	7	更新生产/完工入库	√	√	√	
	8	新建/在建/转产/变卖生产线	−5	−5	√	
	9	开始下一批生产	−2	−1	−1	
	10	更新"应收账款/应收账款收现"	√	+10	+10	
	11	按订单交货	×	×	√	
	12	产品研发投资	−1	−1	−1	
	13	厂房出售（买转租）/退租/租转买	×	×	×	
	14	支付管理费/更新厂房租金	−1	−1	−1	
	15	新市场开拓/ISO投资	√	√	√	
	16	紧急采购（随时）	×	×		
	17	出售库存（随时）	×	×		
	18	应收账款贴现（随时）	×	×		
	19	其他支出	×	×		
	20	现金收入合计	+0	+10		
	21	现金支出合计	−41	−8		
	22	季末对账（1+21−22）	+83	+85		

　　紧急采购（随时）：因为不涉及，所以在经营流程表上记录"×"，如表 3.95 所示。

表 3.95 经营流程表

序号		操作步骤	第 1 年			
			1Q	2Q	3Q	4Q
年初 7项	1	新年度规划会议	√			
	2	投放广告费	−1			
	3	参加订货会议/登记订单	√			
	4	支付应付税款	−3			
	5	支付长期借款利息	×			
	6	更新"长期借款/长期借款还款"	×			
	7	申请长期借款	+100（5）			
季中 22项	1	季初盘点	+124	+83	+85	
	2	更新"短期借款/短期借款还本付息"	√	√	−21	
	3	申请短期借款	×	×	×	
	4	原材料入库/更新原料订单	−2	×	−3	
	5	下原料订单	×	√	×	
	6	购买/租用厂房	−30	×	×	
	7	更新生产/完工入库	√	√	√	
	8	新建/在建/转产/变卖生产线	−5	−5	√	
	9	开始下一批生产	−2	−1	−1	
	10	更新"应收账款/应收账款收现"	√	+10	+10	
	11	按订单交货	×	×	√	
	12	产品研发投资	−1	−1	−1	
	13	厂房出售（买转租）/退租/租转买	×	×	×	
	14	支付管理费/更新厂房租金	−1	−1	−1	
	15	新市场开拓/ISO 投资	√	√	√	
	16	紧急采购（随时）	×	×	×	
	17	出售库存（随时）	×	×		
	18	应收账款贴现（随时）	×	×		
	19	其他支出	×	×		
	20	现金收入合计	+0	+10		
	21	现金支出合计	−41	−8		
	22	季末对账（1+21−22）	+83	+85		

出售库存（随时）：因为不涉及，所以在经营流程表上记录"×"，如表 3.96 所示。

表 3.96 经营流程表

序号		操作步骤	第1年			
			1Q	2Q	3Q	4Q
年初 7项	1	新年度规划会议	√			
	2	投放广告费	−1			
	3	参加订货会议/登记订单	√			
	4	支付应付税款	−3			
	5	支付长期借款利息	×			
	6	更新"长期借款/长期借款还款"	×			
	7	申请长期借款	+100（5）			
季中 22项	1	季初盘点	+124	+83	+85	
	2	更新"短期借款/短期借款还本付息"	√	√	−21	
	3	申请短期借款	×	×	×	
	4	原材料入库/更新原料订单	−2	×	−3	
	5	下原料订单	×	√	×	
	6	购买/租用厂房	−30	×	×	
	7	更新生产/完工入库	√	√	√	
	8	新建/在建/转产/变卖生产线	−5	−5	√	
	9	开始下一批生产	−2	−1	−1	
	10	更新"应收账款/应收账款收现"	√	+10	+10	
	11	按订单交货	×	×	√	
	12	产品研发投资	−1	−1	−1	
	13	厂房出售（买转租）/退租/租转买	×	×	×	
	14	支付管理费/更新厂房租金	−1	−1	−1	
	15	新市场开拓/ISO投资	√	√	√	
	16	紧急采购（随时）	×	×	×	
	17	出售库存（随时）	×	×	×	
	18	应收账款贴现（随时）	×	×		
	19	其他支出	×	×		
	20	现金收入合计	+0	+10		
	21	现金支出合计	−41	−8		
	22	季末对账（1+21−22）	+83	+85		

应收账款贴现（随时）：因为不涉及，所以在经营流程表上记录"×"，如表 3.97 所示。

表 3.97 经营流程表

序号		操作步骤	第 1 年			
			1Q	2Q	3Q	4Q
年初 7 项	1	新年度规划会议	√			
	2	投放广告费	−1			
	3	参加订货会议/登记订单	√			
	4	支付应付税款	−3			
	5	支付长期借款利息	×			
	6	更新"长期借款/长期借款还款"	×			
	7	申请长期借款	+100（5）			
季中 22 项	1	季初盘点	+124	+83	+85	
	2	更新"短期借款/短期借款还本付息"	√	√	−21	
	3	申请短期借款	×	×	×	
	4	原材料入库/更新原料订单	−2	×	−3	
	5	下原料订单	×	√	×	
	6	购买/租用厂房	−30	×	×	
	7	更新生产/完工入库	√	√	√	
	8	新建/在建/转产/变卖生产线	−5	−5	√	
	9	开始下一批生产	−2	−1	−1	
	10	更新"应收账款/应收账款收现"	√	+10	+10	
	11	按订单交货	×	×	√	
	12	产品研发投资	−1	−1	−1	
	13	厂房出售（买转租）/退租/租转买	×	×	×	
	14	支付管理费/更新厂房租金	−1	−1	−1	
	15	新市场开拓/ISO 投资	√	√	√	
	16	紧急采购（随时）	×	×	×	
	17	出售库存（随时）	×	×	×	
	18	应收账款贴现（随时）	×	×	×	
	19	其他支出	×	×		
	20	现金收入合计	+0	+10		
	21	现金支出合计	−41	−8		
	22	季末对账（1+21−22）	+83	+85		

其他支出：因为不涉及，所以在经营流程表上记录"×"，如表 3.98 所示。

表 3.98　经营流程表

序号		操作步骤	第 1 年			
			1Q	2Q	3Q	4Q
年初7项	1	新年度规划会议	√			
	2	投放广告费	−1			
	3	参加订货会议/登记订单	√			
	4	支付应付税款	−3			
	5	支付长期借款利息	×			
	6	更新"长期借款/长期借款还款"	×			
	7	申请长期借款	+100（5）			
季中22项	1	季初盘点	+124	+83	+85	
	2	更新"短期借款/短期借款还本付息"	√	√	−21	
	3	申请短期借款	×	×	×	
	4	原材料入库/更新原料订单	−2	×	−3	
	5	下原料订单	×	√	×	
	6	购买/租用厂房	−30	×	×	
	7	更新生产/完工入库	√	√	√	
	8	新建/在建/转产/变卖生产线	−5	−5	√	
	9	开始下一批生产	−2	−1	−1	
	10	更新"应收账款/应收账款收现"	√	+10	+10	
	11	按订单交货	×	×	√	
	12	产品研发投资	−1	−1	−1	
	13	厂房出售（买转租）/退租/租转买	×	×	×	
	14	支付管理费/更新厂房租金	−1	−1	−1	
	15	新市场开拓/ISO 投资	√	√	√	
	16	紧急采购（随时）	×	×	×	
	17	出售库存（随时）	×	×	×	
	18	应收账款贴现（随时）	×	×	×	
	19	其他支出	×	×	×	
	20	现金收入合计	+0	+10		
	21	现金支出合计	−41	−8		
	22	季末对账（1+21−22）	+83	+85		

现金收入合计：把从第 2 项更新"短期借款/短期借款还本付息"到第 19 项其他支出的现金流入加起来，然后在流程表中记录"+10"，如表 3.99 所示。

表 3.99　经营流程表

序号		操作步骤	第 1 年			
			1Q	2Q	3Q	4Q
年初7项	1	新年度规划会议	√			
	2	投放广告费	−1			
	3	参加订货会议/登记订单	√			
	4	支付应付税款	−3			
	5	支付长期借款利息	×			
	6	更新"长期借款/长期借款还款"	×			
	7	申请长期借款	+100（5）			
季中22项	1	季初盘点	+124	+83	+85	
	2	更新"短期借款/短期借款还本付息"	√	√	−21	
	3	申请短期借款	×	×	×	
	4	原材料入库/更新原料订单	−2	×	−3	
	5	下原料订单	×	√	×	
	6	购买/租用厂房	−30	×	×	
	7	更新生产/完工入库	√	√	√	
	8	新建/在建/转产/变卖生产线	−5	−5	√	
	9	开始下一批生产	−2	−1	−1	
	10	更新"应收账款/应收账款收现"	√	+10	+10	
	11	按订单交货	×	×	√	
	12	产品研发投资	−1	−1	−1	
	13	厂房出售（买转租）/退租/租转买	×	×	×	
	14	支付管理费/更新厂房租金	−1	−1	−1	
	15	新市场开拓/ISO 投资	√	√	√	
	16	紧急采购（随时）	×	×	×	
	17	出售库存（随时）	×	×	×	
	18	应收账款贴现（随时）	×	×	×	
	19	其他支出	×	×	×	
	20	现金收入合计	+0	+10	+10	
	21	现金支出合计	−41	−8		
	22	季末对账（1+21−22）	+83	+85		

　　现金支出合计：把从第 2 项更新"短期借款/短期借款还本付息"到第 19 项其他支出的现金流出加起来，然后在流程表中记录"−27"，如表 3.100 所示。

表 3.100　经营流程表

序号		操作步骤	第 1 年			
			1Q	2Q	3Q	4Q
年初 7 项	1	新年度规划会议	√			
	2	投放广告费	−1			
	3	参加订货会议/登记订单	√			
	4	支付应付税款	−3			
	5	支付长期借款利息	×			
	6	更新"长期借款/长期借款还款"	×			
	7	申请长期借款	+100（5）			
季中 22 项	1	季初盘点	+124	+83	+85	
	2	更新"短期借款/短期借款还本付息"	√	√	−21	
	3	申请短期借款	×	×	×	
	4	原材料入库/更新原料订单	−2	×	−3	
	5	下原料订单	×	√	×	
	6	购买/租用厂房	−30	×	×	
	7	更新生产/完工入库	√	√	√	
	8	新建/在建/转产/变卖生产线	−5	−5	√	
	9	开始下一批生产	−2	−1	−1	
	10	更新"应收账款/应收账款收现"	√	+10	+10	
	11	按订单交货	×	×	√	
	12	产品研发投资	−1	−1	−1	
	13	厂房出售（买转租）/退租/租转买	×	×	×	
	14	支付管理费/更新厂房租金	−1	−1	−1	
	15	新市场开拓/ISO 投资	√	√	√	
	16	紧急采购（随时）	×	×	×	
	17	出售库存（随时）	×	×	×	
	18	应收账款贴现（随时）	×	×	×	
	19	其他支出	×	×	×	
	20	现金收入合计	+0	+10	+10	
	21	现金支出合计	−41	−8	−27	
	22	季末对账（1+21−22）	+83	+85		

季末对账（1+20−21）：按公式计算，然后在流程表中记录"+68"，如表 3.101 所示。

表 3.101 经营流程表

序号		操作步骤	第 1 年			
			1Q	2Q	3Q	4Q
年初7项	1	新年度规划会议	√			
	2	投放广告费	−1			
	3	参加订货会议/登记订单	√			
	4	支付应付税款	−3			
	5	支付长期借款利息	×			
	6	更新"长期借款/长期借款还款"	×			
	7	申请长期借款	+100（5）			
季中22项	1	季初盘点	+124	+83	+85	
	2	更新"短期借款/短期借款还本付息"	√	√	−21	
	3	申请短期借款	×	×	×	
	4	原材料入库/更新原料订单	−2	×	−3	
	5	下原料订单	×	√	×	
	6	购买/租用厂房	−30	×	×	
	7	更新生产/完工入库	√	√	√	
	8	新建/在建/转产/变卖生产线	−5	−5	√	
	9	开始下一批生产	−2	−1	−1	
	10	更新"应收账款/应收账款收现"	√	+10	+10	
	11	按订单交货	×	×	√	
	12	产品研发投资	−1	−1	−1	
	13	厂房出售（买转租）/退租/租转买	×	×	×	
	14	支付管理费/更新厂房租金	−1	−1	−1	
	15	新市场开拓/ISO 投资	√	√	√	
	16	紧急采购（随时）	×	×	×	
	17	出售库存（随时）	×	×	×	
	18	应收账款贴现（随时）	×	×	×	
	19	其他支出	×	×	×	
	20	现金收入合计	+0	+10	+10	
	21	现金支出合计	−41	−8	−27	
	22	季末对账（1+21−22）	+83	+85	+68	

（3）年末 5 项

无需操作。

3.2.4　第 1 年第 4 季

（1）年初 7 项

无需操作。

（2）季中 22 项

季初盘点：因为第三期期末剩余现金 68，所以本期期初剩余现金 68，在经营流程表中记录"+68"，如表 3.102 所示。

表 3.102　经营流程表

序号		操作步骤	第 1 年			
			1Q	2Q	3Q	4Q
年初 7 项	1	新年度规划会议	√			
	2	投放广告费	−1			
	3	参加订货会议/登记订单	√			
	4	支付应付税款	−3			
	5	支付长期借款利息	×			
	6	更新"长期借款/长期借款还款"	×			
	7	申请长期借款	+100（5）			
季中 22 项	1	季初盘点	+124	+83	+85	+68
	2	更新"短期借款/短期借款还本付息"	√	√	−21	
	3	申请短期借款	×	×	×	
	4	原材料入库/更新原料订单	−2	×	−3	
	5	下原料订单	×	√	×	
	6	购买/租用厂房	−30	×	×	
	7	更新生产/完工入库	√	√	√	
	8	新建/在建/转产/变卖生产线	−5	−5	√	
	9	开始下一批生产	−2	−1	−1	
	10	更新"应收账款/应收账款收现"	√	+10	+10	
	11	按订单交货	×	×	√	
	12	产品研发投资	−1	−1	−1	
	13	厂房出售（买转租）/退租/租转买	×	×	×	
	14	支付管理费/更新厂房租金	−1	−1	−1	
	15	新市场开拓/ISO 投资	√	√	√	
	16	紧急采购（随时）	×	×	×	
	17	出售库存（随时）	×	×	×	
	18	应收账款贴现（随时）	×	×	×	
	19	其他支出	×	×	×	
	20	现金收入合计	+0	+10	+10	
	21	现金支出合计	−41	−8	−27	
	22	季末对账（1+21−22）	+83	+85	+68	

更新"短期借款/短期借款还本付息"：此时沙盘桌面 1Q 位置的短期借款已到期，需要还本付息合计支付 21M，如图 3.34 所示；然后在经营流程表上记录"−21"，如表 3.103 所示。

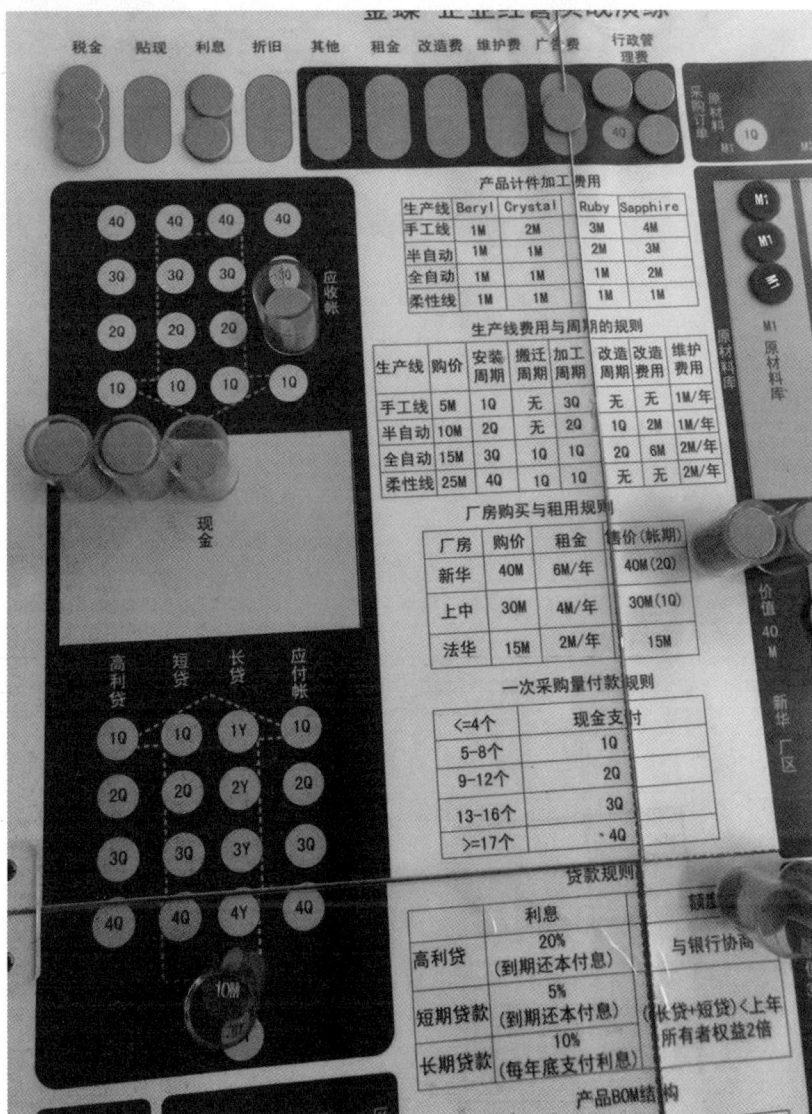

图 3.34　更新"短期借款/短期借款还本付息"

表 3.103　经营流程表

序号		操作步骤	第1年			
			1Q	2Q	3Q	4Q
年初7项	1	新年度规划会议	√			
	2	投放广告费	−1			
	3	参加订货会议/登记订单	√			
	4	支付应付税款	−3			
	5	支付长期借款利息	×			
	6	更新"长期借款/长期借款还款"	×			
	7	申请长期借款	+100（5）			
季中22项	1	季初盘点	+124	+83	+85	+68
	2	更新"短期借款/短期借款还本付息"	√	√	−21	−21
	3	申请短期借款	×	×	×	
	4	原材料入库/更新原料订单	−2	×	−3	
	5	下原料订单	×	√	×	
	6	购买/租用厂房	−30	×	×	
	7	更新生产/完工入库	√	√	√	
	8	新建/在建/转产/变卖生产线	−5	−5	√	
	9	开始下一批生产	−2	−1	−1	
	10	更新"应收账款/应收账款收现"	√	+10	+10	
	11	按订单交货	×	×	√	
	12	产品研发投资	−1	−1	−1	
	13	厂房出售（买转租）/退租/租转买	×	×	×	
	14	支付管理费/更新厂房租金	−1	−1	−1	
	15	新市场开拓/ISO投资	√	√	√	
	16	紧急采购（随时）	×	×	×	
	17	出售库存（随时）	×	×	×	
	18	应收账款贴现（随时）	×	×	×	
	19	其他支出	×	×	×	
	20	现金收入合计	+0	+10	+10	
	21	现金支出合计	−41	−8	−27	
	22	季末对账（1+21−22）	+83	+85	+68	

申请短期借款：因为不涉及，所以在经营流程表上记录"×"，如表 3.104 所示。

表 3.104 经营流程表

序号		操作步骤	第1年			
			1Q	2Q	3Q	4Q
年初7项	1	新年度规划会议	√			
	2	投放广告费	−1			
	3	参加订货会议/登记订单	√			
	4	支付应付税款	−3			
	5	支付长期借款利息	×			
	6	更新"长期借款/长期借款还款"	×			
	7	申请长期借款	+100（5）			
季中22项	1	季初盘点	+124	+83	+85	+68
	2	更新"短期借款/短期借款还本付息"	√	√	−21	−21
	3	申请短期借款	×	×	×	×
	4	原材料入库/更新原料订单	−2	×	−3	
	5	下原料订单	×	√	×	
	6	购买/租用厂房	−30	×	×	
	7	更新生产/完工入库	√	√	√	
	8	新建/在建/转产/变卖生产线	−5	−5	√	
	9	开始下一批生产	−2	−1	−1	
	10	更新"应收账款/应收账款收现"	√	+10	+10	
	11	按订单交货	×	×	√	
	12	产品研发投资	−1	−1	−1	
	13	厂房出售（买转租）/退租/租转买	×	×	×	
	14	支付管理费/更新厂房租金	−1	−1	−1	
	15	新市场开拓/ISO 投资	√	√	√	
	16	紧急采购（随时）	×	×	×	
	17	出售库存（随时）	×	×	×	
	18	应收账款贴现（随时）	×	×	×	
	19	其他支出	×	×	×	
	20	现金收入合计	+0	+10	+10	
	21	现金支出合计	−41	−8	−27	
	22	季末对账（1+21−22）	+83	+85	+68	

原材料入库/更新原料订单：因为不涉及，所以在经营流程表上记录"×"，如表 3.105 所示。

表 3.105 经营流程表

序号		操作步骤	第1年			
			1Q	2Q	3Q	4Q
年初 7项	1	新年度规划会议	√			
	2	投放广告费	−1			
	3	参加订货会议/登记订单	√			
	4	支付应付税款	−3			
	5	支付长期借款利息	×			
	6	更新"长期借款/长期借款还款"	×			
	7	申请长期借款	+100（5）			
季中 22项	1	季初盘点	+124	+83	+85	+68
	2	更新"短期借款/短期借款还本付息"	√	√	−21	−21
	3	申请短期借款	×	×	×	×
	4	原材料入库/更新原料订单	−2	×	−3	×
	5	下原料订单	×	√	×	
	6	购买/租用厂房	−30	×	×	
	7	更新生产/完工入库	√	√	√	
	8	新建/在建/转产/变卖生产线	−5	−5	√	
	9	开始下一批生产	−2	−1	−1	
	10	更新"应收账款/应收账款收现"	√	+10	+10	
	11	按订单交货	×	×	√	
	12	产品研发投资	−1	−1	−1	
	13	厂房出售（买转租）/退租/租转买	×	×	×	
	14	支付管理费/更新厂房租金	−1	−1	−1	
	15	新市场开拓/ISO投资	√	√	√	
	16	紧急采购（随时）	×	×	×	
	17	出售库存（随时）	×	×	×	
	18	应收账款贴现（随时）	×	×	×	
	19	其他支出	×	×	×	
	20	现金收入合计	+0	+10	+10	
	21	现金支出合计	−41	−8	−27	
	22	季末对账（1+21−22）	+83	+85	+68	

下原料订单：因为不涉及，所以在经营流程表上记录"×"，如表 3.106 所示。

表 3.106 经营流程表

序号		操作步骤	第 1 年			
			1Q	2Q	3Q	4Q
年初 7项	1	新年度规划会议	√			
	2	投放广告费	−1			
	3	参加订货会议/登记订单	√			
	4	支付应付税款	−3			
	5	支付长期借款利息	×			
	6	更新"长期借款/长期借款还款"	×			
	7	申请长期借款	+100（5）			
季中 22项	1	季初盘点	+124	+83	+85	+68
	2	更新"短期借款/短期借款还本付息"	√	√	−21	−21
	3	申请短期借款	×	×	×	×
	4	原材料入库/更新原料订单	−2	×	−3	×
	5	下原料订单	×	√	×	×
	6	购买/租用厂房	−30	×	×	
	7	更新生产/完工入库	√	√	√	
	8	新建/在建/转产/变卖生产线	−5	−5	√	
	9	开始下一批生产	−2	−1	−1	
	10	更新"应收账款/应收账款收现"	√	+10	+10	
	11	按订单交货	×	×	√	
	12	产品研发投资	−1	−1	−1	
	13	厂房出售（买转租）/退租/租转买	×	×	×	
	14	支付管理费/更新厂房租金	−1	−1	−1	
	15	新市场开拓/ISO 投资	√	√	√	
	16	紧急采购（随时）	×	×	×	
	17	出售库存（随时）	×	×	×	
	18	应收账款贴现（随时）	×	×	×	
	19	其他支出	×	×	×	
	20	现金收入合计	+0	+10	+10	
	21	现金支出合计	−41	−8	−27	
	22	季末对账（1+21−22）	+83	+85	+68	

购买/租用厂房：因为不涉及，所以在经营流程表上记录"×"，如表 3.107 所示。

表 3.107 经营流程表

序号		操作步骤	第1年			
			1Q	2Q	3Q	4Q
年初 7项	1	新年度规划会议	√			
	2	投放广告费	−1			
	3	参加订货会议/登记订单	√			
	4	支付应付税款	−3			
	5	支付长期借款利息	×			
	6	更新"长期借款/长期借款还款"	×			
	7	申请长期借款	+100（5）			
季中 22项	1	季初盘点	+124	+83	+85	+68
	2	更新"短期借款/短期借款还本付息"	√	√	−21	−21
	3	申请短期借款	×	×	×	×
	4	原材料入库/更新原料订单	−2	×	−3	×
	5	下原料订单	×	√	×	×
	6	购买/租用厂房	−30	×	×	×
	7	更新生产/完工入库	√	√	√	
	8	新建/在建/转产/变卖生产线	−5	−5	√	
	9	开始下一批生产	−2	−1	−1	
	10	更新"应收账款/应收账款收现"	√	+10	+10	
	11	按订单交货	×	×	√	
	12	产品研发投资	−1	−1	−1	
	13	厂房出售（买转租）/退租/租转买	×	×	×	
	14	支付管理费/更新厂房租金	−1	−1	−1	
	15	新市场开拓/ISO 投资	√	√	√	
	16	紧急采购（随时）	×	×	×	
	17	出售库存（随时）	×	×	×	
	18	应收账款贴现（随时）	×	×	×	
	19	其他支出	×	×	×	
	20	现金收入合计	+0	+10	+10	
	21	现金支出合计	−41	−8	−27	
	22	季末对账（1+21−22）	+83	+85	+68	

更新生产/完工入库：将手工生产线 1 上面的在制品从 1Q 推到 2Q 位置，将手工生产线 2 上面的在制品从 2Q 推到 3Q 位置，将手工生产线 3 和手工生产线 4 上面的在制品从 3Q 位置拿下来换成 Beryl 产品放入库存商品仓库，如图 3.35 所示；在实验报告生产部门产能手工记录表上记录更新生产情况，如表 3.108 所示；在实验报告仓储部门产成品统计表上记录完工入库情况，如表 3.109 所示；然后在经营流程表上记录"√"，如表 3.110 所示。

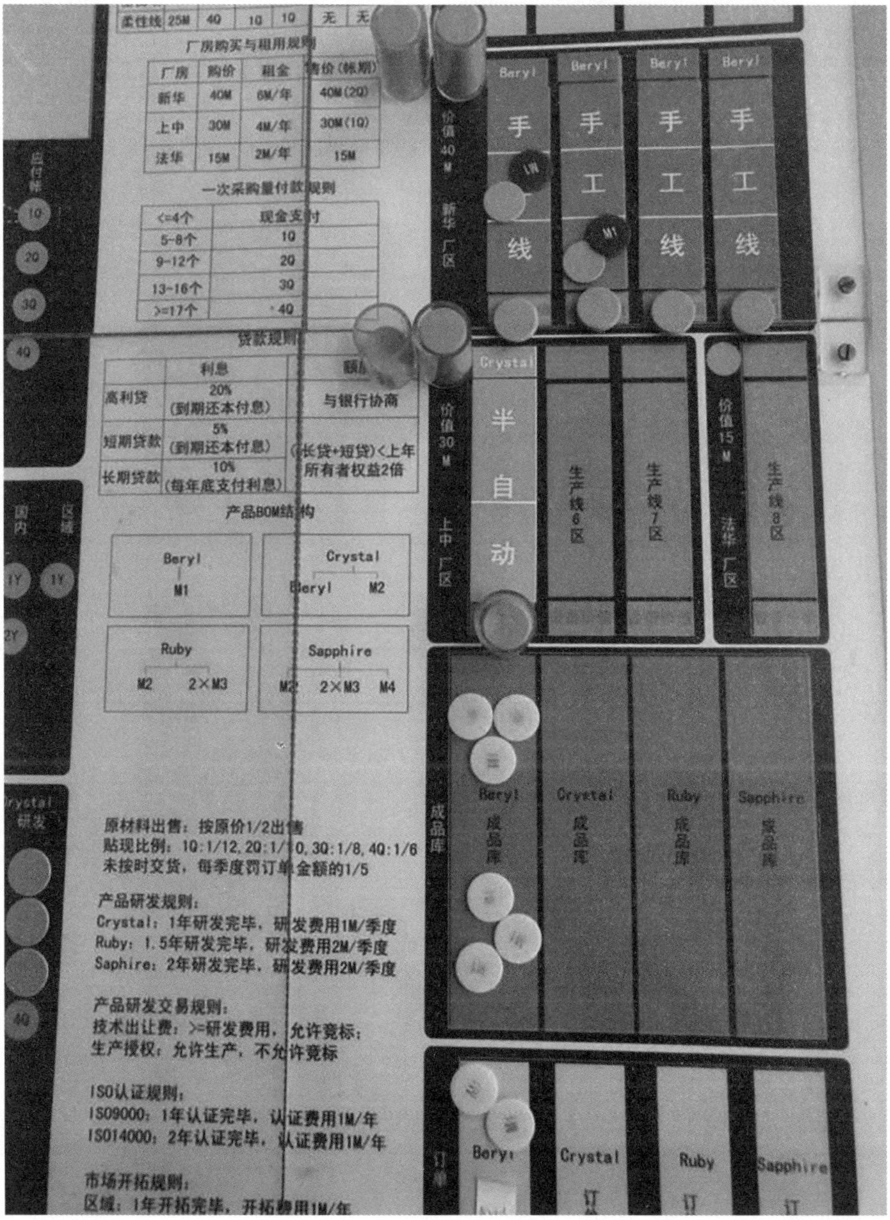

图 3.35　更新生产/完工入库

表 3.108　产能手工记录表

厂房	生产线				第一年			
					1季度	2季度	3季度	4季度
A（已有）	生产线1名称	手工线	产品名称	P1	P1-2	P1-3	P1-1	P1-2
			材料名称	M1			M1	
	生产线2名称	手工线	产品名称	P1	P1-3	P1-1	P1-2	P1-3
			材料名称	M1		M1		
	生产线3名称	手工线	产品名称	P1	P1-1	P1-2	P1-3	
			材料名称	M1	M1			
	生产线4名称	手工线	产品名称	P1	P1-1	P1-2	P1-3	
			材料名称	M1	M1			
B（新购）	生产线5名称	半自动线	产品名称	P1	安装中	安装中		
			材料名称	M1				
	生产线6名称		产品名称					
			材料名称					
	生产线7名称		产品名称					
			材料名称					
C	生产线8名称		产品名称					
			材料名称					

表 3.109　产成品统计表

年份	第一年											
季度	1季度			2季度			3季度			4季度		
项目	入库	出库	剩余	入库	出库	剩余	入库	出库	剩余	入库	出库	剩余
P1	2		4	1		5	1	2	4	2		6
P2												
P3												
P4												

表 3.110 经营流程表

序号		操作步骤	第 1 年			
			1Q	2Q	3Q	4Q
年初 7项	1	新年度规划会议	√			
	2	投放广告费	−1			
	3	参加订货会议/登记订单	√			
	4	支付应付税款	−3			
	5	支付长期借款利息	×			
	6	更新"长期借款/长期借款还款"	×			
	7	申请长期借款	+100（5）			
季中 22项	1	季初盘点	+124	+83	+85	+68
	2	更新"短期借款/短期借款还本付息"	√	√	−21	−21
	3	申请短期借款	×	×	×	×
	4	原材料入库/更新原料订单	−2	×	−3	×
	5	下原料订单	×	√	×	×
	6	购买/租用厂房	−30	×	×	×
	7	更新生产/完工入库	√	√	√	√
	8	新建/在建/转产/变卖生产线	−5	−5	√	
	9	开始下一批生产	−2	−1	−1	
	10	更新"应收账款/应收账款收现"	√	+10	+10	
	11	按订单交货	×	×	√	
	12	产品研发投资	−1	−1	−1	
	13	厂房出售（买转租）/退租/租转买	×	×	×	
	14	支付管理费/更新厂房租金	−1	−1	−1	
	15	新市场开拓/ISO 投资	√	√	√	
	16	紧急采购（随时）	×	×	×	
	17	出售库存（随时）	×	×	×	
	18	应收账款贴现（随时）	×	×	×	
	19	其他支出	×	×	×	
	20	现金收入合计	+0	+10	+10	
	21	现金支出合计	−41	−8	−27	
	22	季末对账（1+21−22）	+83	+85	+68	

新建/在建/转产/变卖生产线：因为不涉及，所以在经营流程表上记录"×"，如表 3.111 所示。

表 3. 111　经营流程表

序号		操作步骤	第 1 年			
			1Q	2Q	3Q	4Q
年初 7 项	1	新年度规划会议	√			
	2	投放广告费	−1			
	3	参加订货会议/登记订单	√			
	4	支付应付税款	−3			
	5	支付长期借款利息	×			
	6	更新"长期借款/长期借款还款"	×			
	7	申请长期借款	+100（5）			
季中 22 项	1	季初盘点	+124	+83	+85	+68
	2	更新"短期借款/短期借款还本付息"	√	√	−21	−21
	3	申请短期借款	×	×	×	×
	4	原材料入库/更新原料订单	−2	×	−3	×
	5	下原料订单	×	√	×	×
	6	购买/租用厂房	−30	×	×	×
	7	更新生产/完工入库	√	√	√	√
	8	新建/在建/转产/变卖生产线	−5	−5	√	×
	9	开始下一批生产	−2	−1	−1	
	10	更新"应收账款/应收账款收现"	√	+10	+10	
	11	按订单交货	×	×	√	
	12	产品研发投资	−1	−1	−1	
	13	厂房出售（买转租）/退租/租转买	×	×	×	
	14	支付管理费/更新厂房租金	−1	−1	−1	
	15	新市场开拓/ISO 投资	√	√	√	
	16	紧急采购（随时）	×	×	×	
	17	出售库存（随时）	×	×	×	
	18	应收账款贴现（随时）	×	×	×	
	19	其他支出	×	×	×	
	20	现金收入合计	+0	+10	+10	
	21	现金支出合计	−41	−8	−27	
	22	季末对账（1+21−22）	+83	+85	+68	

开始下一批生产：生产部门向采购与仓储部门要 3 个 M1 原材料，向财务部门要 3 个灰币，将一个 M1 原材料和 1 个灰币放在手工生产线 3 的 1Q 位置，将一个 M1 原材料和 1 个灰币放在手工生产线 4 的 1Q 位置，将一个 M1 原材料和 1 个灰币放在半自动生产线的 1Q 位置，此时，手工生产线 3、手工生产线 4 以及半自动生产线上的 Beryl 产品都开始上线生产，如图 3.36 所示；在实验报告采购与仓储部门原材料采购及付款登记表上记录原材料减少情况，如表 3.112 所示；在实验报告生产部门产能手工记录表上记录生产情况，如表 3.113 所示；然后在经营流程表中记录 "−3"，如表 3.114 所示。

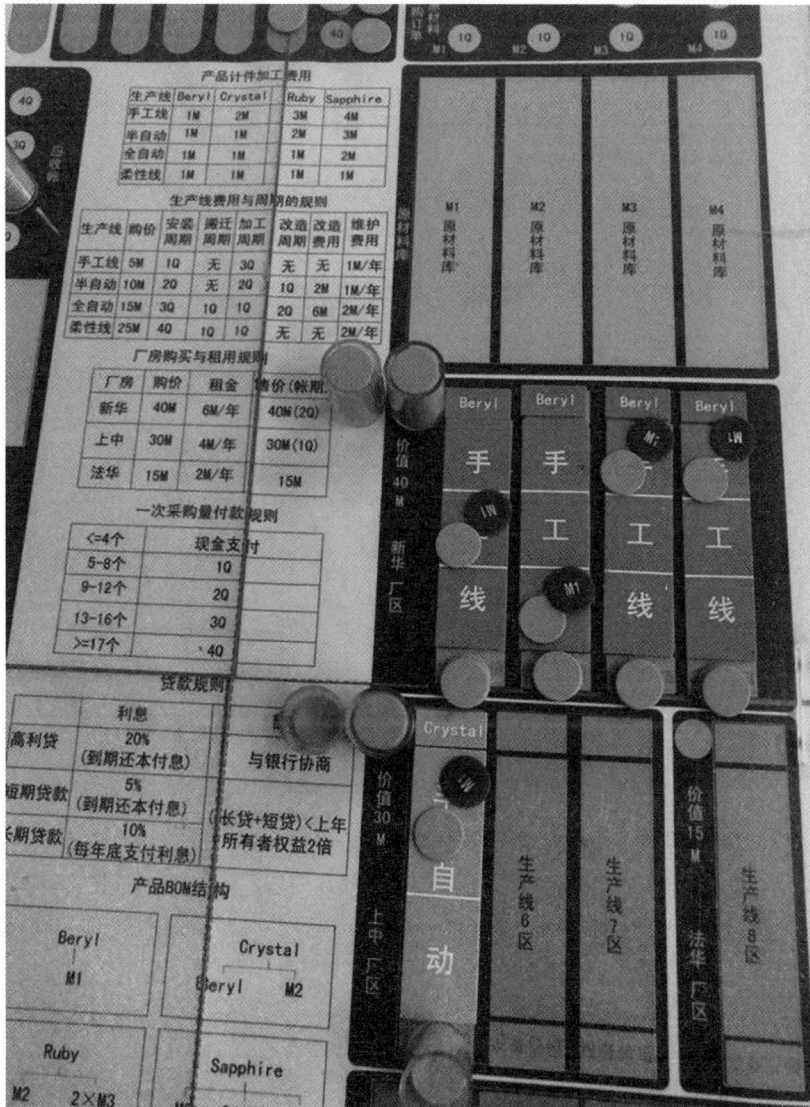

图 3.36 开始下一批生产

表 3.112 原材料采购及付款登记表

| 年份 | | 第一年 | | | | | | | | | | | | | | | |
| 季度 | 期初 | 1 季度 | | | | 2 季度 | | | | 3 季度 | | | | 4 季度 | | | |
原材料		M1	M2	M3	M4	M1	M2	M3	M4	M1	M2	M3	M4	M1	M2	M3	M4
订购数量	2M1					3											
采购入库		2								3							
应付材料款		2								3							
剩余数量	2M1	2				1				3				0			

表 3.113 产能手工记录表

| 厂房 | 生产线 | | | 第一年 | | | |
				1 季度	2 季度	3 季度	4 季度
A（已有）	生产线 1 名称	手工线	产品名称	P1	P1-2	P1-3	P1-1
			材料名称	M1			M1
	生产线 2 名称	手工线	产品名称	P1	P1-3	P1-1	P1-2
			材料名称	M1		M1	
	生产线 3 名称	手工线	产品名称	P1	P1-1	P1-2	P1-3	P1-1
			材料名称	M1	M1			M1
	生产线 4 名称	手工线	产品名称	P1	P1-1	P1-2	P1-3	P1-1
			材料名称	M1	M1			M1
B（新购）	生产线 5 名称	半自动线	产品名称	P1	安装中	安装中		P1-1
			材料名称	M1				M1
	生产线 6 名称		产品名称				
			材料名称				
	生产线 7 名称		产品名称				
			材料名称				
C	生产线 8 名称		产品名称				
			材料名称				

表 3.114 经营流程表

序号		操作步骤	第 1 年			
			1Q	2Q	3Q	4Q
年初 7项	1	新年度规划会议	√			
	2	投放广告费	−1			
	3	参加订货会议/登记订单	√			
	4	支付应付税款	−3			
	5	支付长期借款利息	×			
	6	更新"长期借款/长期借款还款"	×			
	7	申请长期借款	+100（5）			
季中 22项	1	季初盘点	+124	+83	+85	+68
	2	更新"短期借款/短期借款还本付息"	√	√	−21	−21
	3	申请短期借款	×	×	×	×
	4	原材料入库/更新原料订单	−2	×	−3	×
	5	下原料订单	×	√	×	×
	6	购买/租用厂房	−30	×	×	×
	7	更新生产/完工入库	√	√	√	√
	8	新建/在建/转产/变卖生产线	−5	−5	√	×
	9	开始下一批生产	−2	−1	−1	−3
	10	更新"应收账款/应收账款收现"	√	+10	+10	
	11	按订单交货	×	×	√	
	12	产品研发投资	−1	−1	−1	
	13	厂房出售（买转租）/退租/租转买	×	×	×	
	14	支付管理费/更新厂房租金	−1	−1	−1	
	15	新市场开拓/ISO 投资	√	√	√	
	16	紧急采购（随时）	×	×	×	
	17	出售库存（随时）	×	×	×	
	18	应收账款贴现（随时）	×	×	×	
	19	其他支出	×	×	×	
	20	现金收入合计	+0	+10	+10	
	21	现金支出合计	−41	−8	−27	
	22	季末对账（1+21−22）	+83	+85	+68	

更新"应收账款/应收账款收现"：将沙盘桌面 2Q 位置的应收账款推到 1Q 位置，如图 3.37 所示；在实验报告财务部门应收账款登记表上记录应收账款更新情况，如表 3.115 所示；然后在经营流程表上记录"√"，如表 3.116 所示。

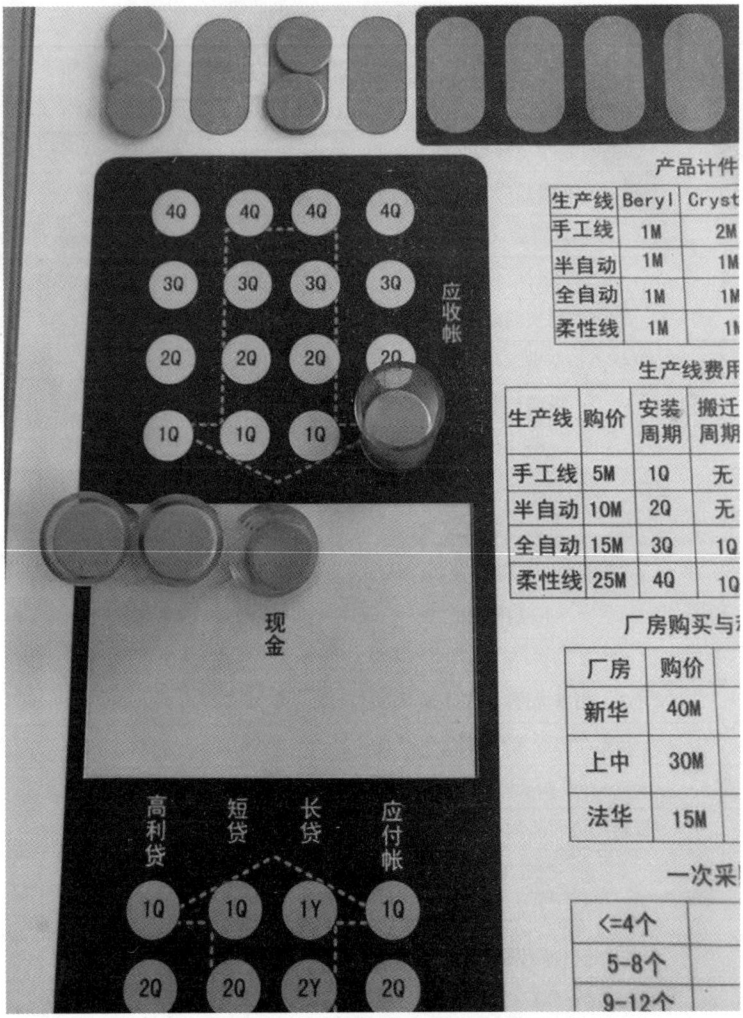

图 3.37　更新"应收账款/应收账款收现"

表 3.115　应收账款登记表

年份		第一年				第二年				第三年			
季度		1	2	3	4	1	2	3	4	1	2	3	4
应收账期	1	10	10		10								
	2	10		10									
	3												
	4												
到期			10	10									
贴现													
贴现费													

表 3.116 经营流程表

序号		操作步骤	第1年			
			1Q	2Q	3Q	4Q
年初 7项	1	新年度规划会议	√			
	2	投放广告费	−1			
	3	参加订货会议/登记订单	√			
	4	支付应付税款	−3			
	5	支付长期借款利息	×			
	6	更新"长期借款/长期借款还款"	×			
	7	申请长期借款	+100（5）			
季中 22项	1	季初盘点	+124	+83	+85	+68
	2	更新"短期借款/短期借款还本付息"	√	√	−21	−21
	3	申请短期借款	×	×	×	×
	4	原材料入库/更新原料订单	−2	×	−3	×
	5	下原料订单	×	√	×	×
	6	购买/租用厂房	−30	×	×	×
	7	更新生产/完工入库	√	√	√	√
	8	新建/在建/转产/变卖生产线	−5	−5	√	×
	9	开始下一批生产	−2	−1	−1	−3
	10	更新"应收账款/应收账款收现"	√	+10	+10	√
	11	按订单交货	×	×	√	
	12	产品研发投资	−1	−1	−1	
	13	厂房出售（买转租）/退租/租转买	×	×	×	
	14	支付管理费/更新厂房租金	−1	−1	−1	
	15	新市场开拓/ISO投资	√	√	√	
	16	紧急采购（随时）	×	×	×	
	17	出售库存（随时）	×	×	×	
	18	应收账款贴现（随时）	×	×	×	
	19	其他支出	×	×	×	
	20	现金收入合计	+0	+10	+10	
	21	现金支出合计	−41	−8	−27	
	22	季末对账（1+21−22）	+83	+85	+68	

按订单交货：因为不涉及，所以在经营流程表上记录"×"，如表 3.117 所示。

表 3.117 经营流程表

序号		操作步骤	第 1 年			
			1Q	2Q	3Q	4Q
年初 7 项	1	新年度规划会议	√			
	2	投放广告费	−1			
	3	参加订货会议/登记订单	√			
	4	支付应付税款	−3			
	5	支付长期借款利息	×			
	6	更新"长期借款/长期借款还款"	×			
	7	申请长期借款	+100（5）			
季中 22 项	1	季初盘点	+124	+83	+85	+68
	2	更新"短期借款/短期借款还本付息"	√	√	−21	−21
	3	申请短期借款	×	×	×	×
	4	原材料入库/更新原料订单	−2	×	−3	×
	5	下原料订单	×	√	×	×
	6	购买/租用厂房	−30	×	×	×
	7	更新生产/完工入库	√	√	√	√
	8	新建/在建/转产/变卖生产线	−5	−5	√	×
	9	开始下一批生产	−2	−1	−1	−3
	10	更新"应收账款/应收账款收现"	√	+10	+10	√
	11	按订单交货	×	×	√	×
	12	产品研发投资	−1	−1	−1	
	13	厂房出售（买转租）/退租/租转买	×	×	×	
	14	支付管理费/更新厂房租金	−1	−1	−1	
	15	新市场开拓/ISO 投资	√	√	√	
	16	紧急采购（随时）	×	×	×	
	17	出售库存（随时）	×	×	×	
	18	应收账款贴现（随时）	×	×	×	
	19	其他支出	×	×	×	
	20	现金收入合计	+0	+10	+10	
	21	现金支出合计	−41	−8	−27	
	22	季末对账（1+21−22）	+83	+85	+68	

产品研发投资：生产部门向财务部门要 1M 现金，放在沙盘桌面的 Crystal 产品研发区域 4Q 位置，如图 3.38 所示；在实验报告生产部门产品研发登记表上记录产品研发情况，如表 3.118 所示；然后在经营流程表中记录"−1"，如表 3.119 所示。

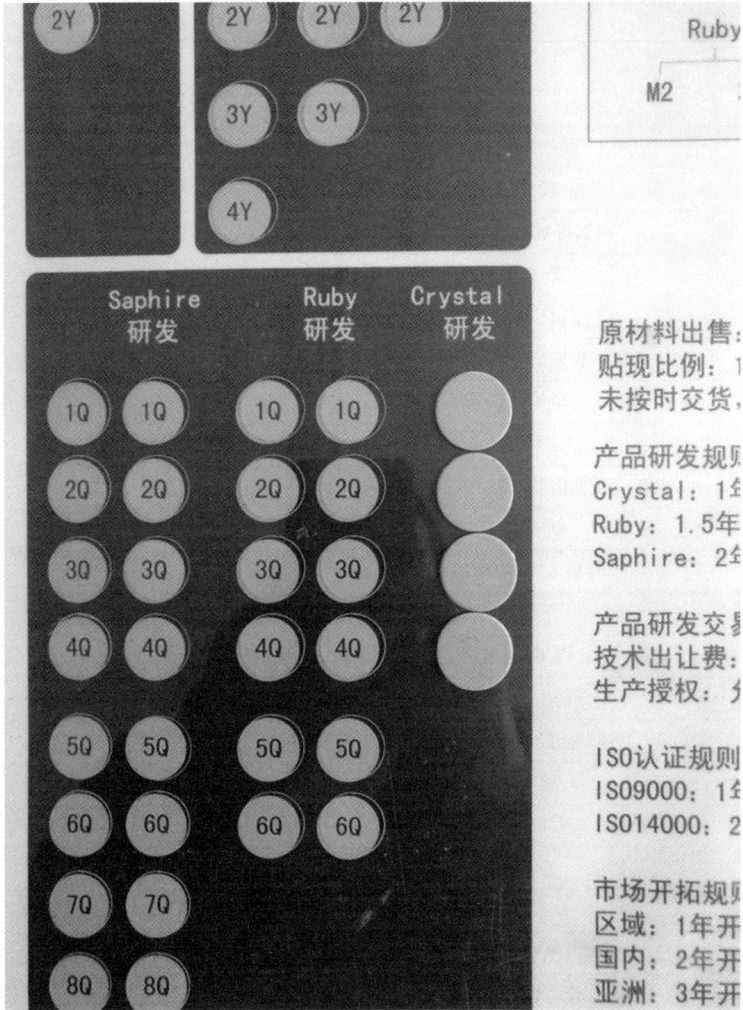

图 3.38 产品研发投资

表 3.118 产品研发登记表

年度	季度	P1	P2	P3	P4	研发费用合计	研发完成
第一年	1 季度		1			1	
	2 季度		1			1	
	3 季度		1			1	
	4 季度		1			1	P2

表 3.119　经营流程表

序号		操作步骤	第1年			
			1Q	2Q	3Q	4Q
年初 7项	1	新年度规划会议	√			
	2	投放广告费	−1			
	3	参加订货会议/登记订单	√			
	4	支付应付税款	−3			
	5	支付长期借款利息	×			
	6	更新"长期借款/长期借款还款"	×			
	7	申请长期借款	+100（5）			
季中 22项	1	季初盘点	+124	+83	+85	+68
	2	更新"短期借款/短期借款还本付息"	√	√	−21	−21
	3	申请短期借款	×	×	×	×
	4	原材料入库/更新原料订单	−2	×	−3	×
	5	下原料订单	×	√	×	×
	6	购买/租用厂房	−30	×	×	×
	7	更新生产/完工入库	√	√	√	√
	8	新建/在建/转产/变卖生产线	−5	−5	√	×
	9	开始下一批生产	−2	−1	−1	−3
	10	更新"应收账款/应收账款收现"	√	+10	+10	√
	11	按订单交货	×	×	√	×
	12	产品研发投资	−1	−1	−1	−1
	13	厂房出售（买转租）/退租/租转买	×	×	×	
	14	支付管理费/更新厂房租金	−1	−1	−1	
	15	新市场开拓/ISO投资	√	√	√	
	16	紧急采购（随时）	×	×	×	
	17	出售库存（随时）	×	×	×	
	18	应收账款贴现（随时）	×	×	×	
	19	其他支出	×	×	×	
	20	现金收入合计	+0	+10	+10	
	21	现金支出合计	−41	−8	−27	
	22	季末对账（1+21−22）	+83	+85	+68	

厂房出售（买转租）/退租/租转买：因为不涉及，所以在经营流程表上记录"×"，如表 3.120 所示。

表 3.120　经营流程表

序号		操作步骤	第 1 年			
			1Q	2Q	3Q	4Q
年初 7项	1	新年度规划会议	√			
	2	投放广告费	−1			
	3	参加订货会议/登记订单	√			
	4	支付应付税款	−3			
	5	支付长期借款利息	×			
	6	更新"长期借款/长期借款还款"	×			
	7	申请长期借款	+100（5）			
季中 22项	1	季初盘点	+124	+83	+85	+68
	2	更新"短期借款/短期借款还本付息"	√	√	−21	−21
	3	申请短期借款	×	×	×	×
	4	原材料入库/更新原料订单	−2	×	−3	×
	5	下原料订单	×	√	×	×
	6	购买/租用厂房	−30	×	×	×
	7	更新生产/完工入库	√	√	√	√
	8	新建/在建/转产/变卖生产线	−5	−5	√	×
	9	开始下一批生产	−2	−1	−1	−3
	10	更新"应收账款/应收账款收现"	√	+10	+10	√
	11	按订单交货	×	×	√	×
	12	产品研发投资	−1	−1	−1	−1
	13	厂房出售（买转租）/退租/租转买	×	×	×	×
	14	支付管理费/更新厂房租金	−1	−1	−1	
	15	新市场开拓/ISO 投资	√	√	√	
	16	紧急采购（随时）	×	×	×	
	17	出售库存（随时）	×	×	×	
	18	应收账款贴现（随时）	×	×	×	
	19	其他支出	×	×	×	
	20	现金收入合计	+0	+10	+10	
	21	现金支出合计	−41	−8	−27	
	22	季末对账（1+21−22）	+83	+85	+68	

支付管理费/更新厂房租金：财务部门从现金库中取 1M，放在沙盘桌面费用区的管理费用 4Q 位置，如图 3.39 所示；然后在经营流程表中记录"−1"，如表 3.121 所示。

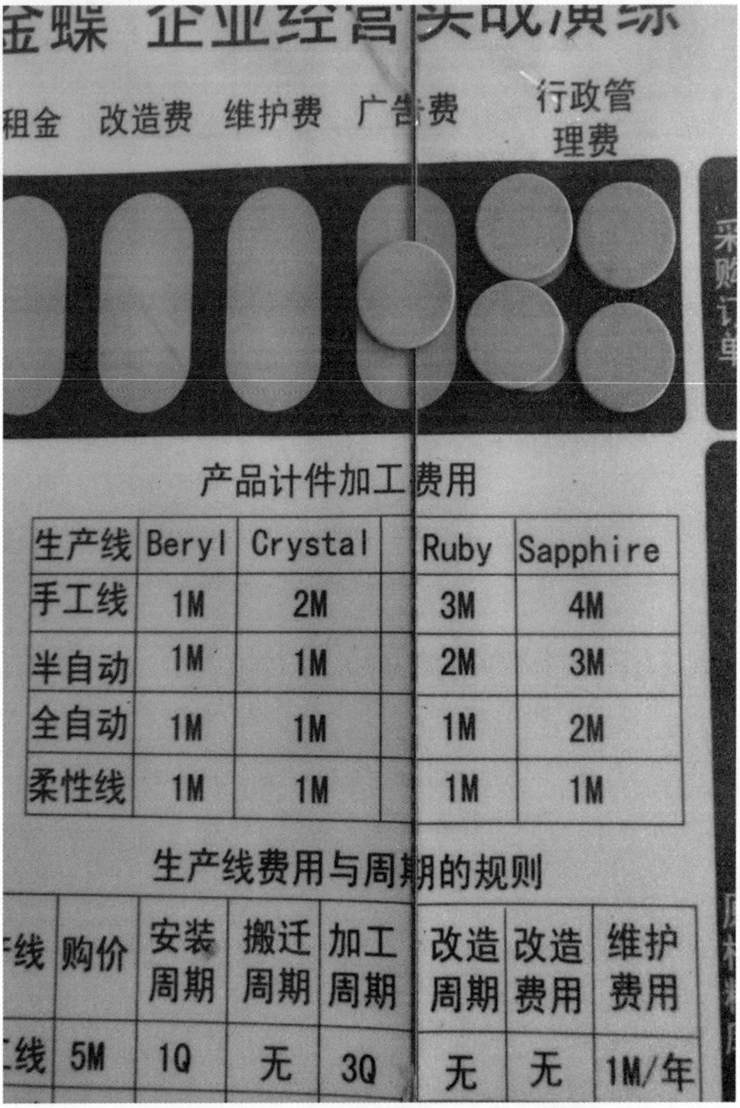

图 3.39　支付管理费/更新厂房租金

表 3. 121　经营流程表

序号		操作步骤	第 1 年			
			1Q	2Q	3Q	4Q
年初 7项	1	新年度规划会议	√			
	2	投放广告费	−1			
	3	参加订货会议/登记订单	√			
	4	支付应付税款	−3			
	5	支付长期借款利息	×			
	6	更新"长期借款/长期借款还款"	×			
	7	申请长期借款	+100（5）			
季中 22项	1	季初盘点	+124	+83	+85	+68
	2	更新"短期借款/短期借款还本付息"	√	√	−21	−21
	3	申请短期借款	×	×	×	×
	4	原材料入库/更新原料订单	−2	×	−3	×
	5	下原料订单	×	√	×	×
	6	购买/租用厂房	−30	×	×	×
	7	更新生产/完工入库	√	√	√	√
	8	新建/在建/转产/变卖生产线	−5	−5	√	×
	9	开始下一批生产	−2	−1	−1	−3
	10	更新"应收账款/应收账款收现"	√	+10	+10	√
	11	按订单交货	×	×	√	×
	12	产品研发投资	−1	−1	−1	−1
	13	厂房出售（买转租）/退租/租转买	×	×	×	×
	14	支付管理费/更新厂房租金	−1	−1	−1	−1
	15	新市场开拓/ISO 投资	√	√	√	
	16	紧急采购（随时）	×	×	×	
	17	出售库存（随时）	×	×	×	
	18	应收账款贴现（随时）	×	×	×	
	19	其他支出	×	×	×	
	20	现金收入合计	+0	+10	+10	
	21	现金支出合计	−41	−8	−27	
	22	季末对账（1+21-22）	+83	+85	+68	

新市场开拓/ISO 投资：因为规定年末支付研发费用，所以销售部门找财务部门要 2M 现金，在沙盘上新市场开拓区域市场和 ISO9000 投资的地方分别投入 1M，如图 3.40 所示；实验报告销售部门在市场开发登记表上记录市场开发情况，如表 3.122 所示；在 ISO 认证登记表上记录 ISO 开发情况，如表 3.123 所示；然后在经营流程表上记录"−2"，如表 3.124 所示。

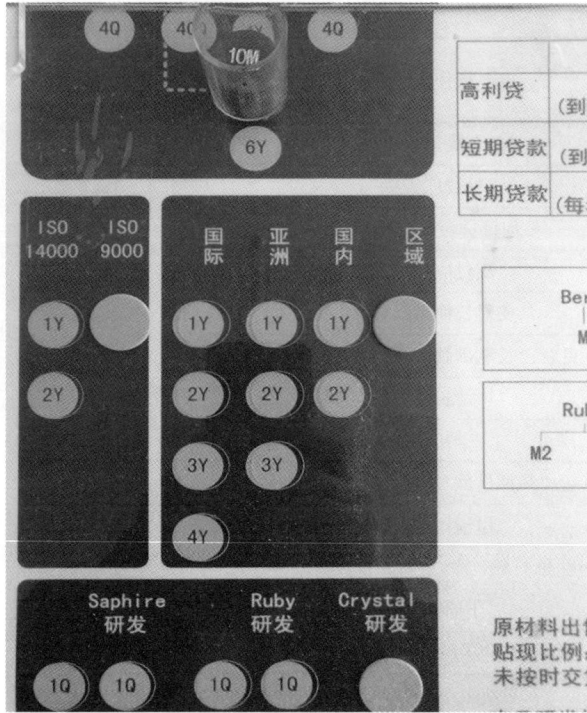

图 3.40

表 3.122 市场开发登记表

年度	本地市场 （ly）	区域市场 （ly）	国内市场 （2y）	亚洲市场 （3y）	国际市场 （4y）	开发费用 合计	开发完成
第 1 年		1				1	
第 2 年							
第 3 年							
第 4 年							
第 5 年							
第 6 年							

表 3.123 ISO 认证登记表

年度	ISO 9000	ISO 14000	认证费用合计	认证完成
第 1 年	1		1	
第 2 年				
第 3 年				
第 4 年				
第 5 年				
第 6 年				

表 3.124 经营流程表

序号		操作步骤	第 1 年			
			1Q	2Q	3Q	4Q
年初 7项	1	新年度规划会议	√			
	2	投放广告费	−1			
	3	参加订货会议/登记订单	√			
	4	支付应付税款	−3			
	5	支付长期借款利息	×			
	6	更新"长期借款/长期借款还款"	×			
	7	申请长期借款	+100（5）			
季中 22项	1	季初盘点	+124	+83	+85	+68
	2	更新"短期借款/短期借款还本付息"	√	√	−21	−21
	3	申请短期借款	×	×	×	×
	4	原材料入库/更新原料订单	−2	×	−3	×
	5	下原料订单	×	√	×	×
	6	购买/租用厂房	−30	×	×	×
	7	更新生产/完工入库	√	√	√	√
	8	新建/在建/转产/变卖生产线	−5	−5	√	×
	9	开始下一批生产	−2	−1	−1	−3
	10	更新"应收账款/应收账款收现"	√	+10	+10	√
	11	按订单交货	×	×	√	×
	12	产品研发投资	−1	−1	−1	−1
	13	厂房出售（买转租）/退租/租转买	×	×	×	×
	14	支付管理费/更新厂房租金	−1	−1	−1	−1
	15	新市场开拓/ISO 投资	√	√	√	−2
	16	紧急采购（随时）	×	×	×	
	17	出售库存（随时）	×	×	×	
	18	应收账款贴现（随时）	×	×	×	
	19	其他支出	×	×	×	
	20	现金收入合计	+0	+10	+10	
	21	现金支出合计	−41	−8	−27	
	22	季末对账（1+21−22）	+83	+85	+68	

紧急采购（随时）：因为不涉及，所以在经营流程表上记录"×"，如表 3.125 所示。

表 3.125 经营流程表

序号		操作步骤	第 1 年			
			1Q	2Q	3Q	4Q
年初 7 项	1	新年度规划会议	√			
	2	投放广告费	−1			
	3	参加订货会议/登记订单	√			
	4	支付应付税款	−3			
	5	支付长期借款利息	×			
	6	更新"长期借款/长期借款还款"	×			
	7	申请长期借款	+100（5）			
季中 22 项	1	季初盘点	+124	+83	+85	+68
	2	更新"短期借款/短期借款还本付息"	√	√	−21	−21
	3	申请短期借款	×	×	×	×
	4	原材料入库/更新原料订单	−2	×	−3	×
	5	下原料订单	×	√	×	×
	6	购买/租用厂房	−30	×	×	×
	7	更新生产/完工入库	√	√	√	√
	8	新建/在建/转产/变卖生产线	−5	−5	√	×
	9	开始下一批生产	−2	−1	−1	−3
	10	更新"应收账款/应收账款收现"	√	+10	+10	√
	11	按订单交货	×	×	√	×
	12	产品研发投资	−1	−1	−1	−1
	13	厂房出售（买转租）/退租/租转买	×	×	×	×
	14	支付管理费/更新厂房租金	−1	−1	−1	−1
	15	新市场开拓/ISO 投资	√	√	√	−2
	16	紧急采购（随时）	×	×	×	×
	17	出售库存（随时）	×	×	×	
	18	应收账款贴现（随时）	×	×	×	
	19	其他支出	×	×	×	
	20	现金收入合计	+0	+10	+10	
	21	现金支出合计	−41	−8	−27	
	22	季末对账（1+21-22）	+83	+85	+68	

出售库存（随时）：因为不涉及，所以在经营流程表上记录"×"，如表 3.126 所示。

表 3.126 经营流程表

序号		操作步骤	第 1 年			
			1Q	2Q	3Q	4Q
年初 7项	1	新年度规划会议	√			
	2	投放广告费	−1			
	3	参加订货会议/登记订单	√			
	4	支付应付税款	−3			
	5	支付长期借款利息	×			
	6	更新"长期借款/长期借款还款"	×			
	7	申请长期借款	+100（5）			
季中 22项	1	季初盘点	+124	+83	+85	+68
	2	更新"短期借款/短期借款还本付息"	√	√	−21	−21
	3	申请短期借款	×	×	×	×
	4	原材料入库/更新原料订单	−2	×	−3	×
	5	下原料订单	×	√	×	×
	6	购买/租用厂房	−30	×	×	×
	7	更新生产/完工入库	√	√	√	√
	8	新建/在建/转产/变卖生产线	−5	−5	√	×
	9	开始下一批生产	−2	−1	−1	−3
	10	更新"应收账款/应收账款收现"	√	+10	+10	√
	11	按订单交货	×	×	√	×
	12	产品研发投资	−1	−1	−1	−1
	13	厂房出售（买转租）/退租/租转买	×	×	×	×
	14	支付管理费/更新厂房租金	−1	−1	−1	−1
	15	新市场开拓/ISO 投资	√	√	√	−2
	16	紧急采购（随时）	×	×	×	×
	17	出售库存（随时）	×	×	×	×
	18	应收账款贴现（随时）	×	×	×	
	19	其他支出	×	×	×	
	20	现金收入合计	+0	+10	+10	
	21	现金支出合计	−41	−8	−27	
	22	季末对账（1+21−22）	+83	+85	+68	

应收账款贴现（随时）：因为不涉及，所以在经营流程表上记录"×"，如表 3.127 所示。

表 3.127　经营流程表

序号		操作步骤	第1年			
			1Q	2Q	3Q	4Q
年初7项	1	新年度规划会议	√			
	2	投放广告费	−1			
	3	参加订货会议/登记订单	√			
	4	支付应付税款	−3			
	5	支付长期借款利息	×			
	6	更新"长期借款/长期借款还款"	×			
	7	申请长期借款	+100（5）			
季中22项	1	季初盘点	+124	+83	+85	+68
	2	更新"短期借款/短期借款还本付息"	√	√	−21	−21
	3	申请短期借款	×	×	×	×
	4	原材料入库/更新原料订单	−2	×	−3	
	5	下原料订单	×	√	×	×
	6	购买/租用厂房	−30	×	×	×
	7	更新生产/完工入库	√	√	√	√
	8	新建/在建/转产/变卖生产线	−5	−5	√	×
	9	开始下一批生产	−2	−1	−1	−3
	10	更新"应收账款/应收账款收现"	√	+10	+10	√
	11	按订单交货	×	×	√	×
	12	产品研发投资	−1	−1	−1	−1
	13	厂房出售（买转租）/退租/租转买	×	×	×	×
	14	支付管理费/更新厂房租金	−1	−1	−1	−1
	15	新市场开拓/ISO投资	√	√	√	−2
	16	紧急采购（随时）	×	×	×	×
	17	出售库存（随时）	×	×	×	×
	18	应收账款贴现（随时）	×	×	×	×
	19	其他支出	×	×	×	
	20	现金收入合计	+0	+10	+10	
	21	现金支出合计	−41	−8	−27	
	22	季末对账（1+21−22）	+83	+85	+68	

其他支出：因为不涉及，所以在经营流程表上记录"×"，如表 3.128 所示。

表 3.128 经营流程表

序号		操作步骤	第 1 年			
			1Q	2Q	3Q	4Q
年初 7 项	1	新年度规划会议	√			
	2	投放广告费	−1			
	3	参加订货会议/登记订单	√			
	4	支付应付税款	−3			
	5	支付长期借款利息	×			
	6	更新"长期借款/长期借款还款"	×			
	7	申请长期借款	+100（5）			
季中 22 项	1	季初盘点	+124	+83	+85	+68
	2	更新"短期借款/短期借款还本付息"	√	√	−21	−21
	3	申请短期借款	×	×	×	×
	4	原材料入库/更新原料订单	−2	×	−3	×
	5	下原料订单	×	√	×	×
	6	购买/租用厂房	−30	×	×	×
	7	更新生产/完工入库	√	√	√	√
	8	新建/在建/转产/变卖生产线	−5	−5	√	×
	9	开始下一批生产	−2	−1	−1	−3
	10	更新"应收账款/应收账款收现"	√	+10	+10	√
	11	按订单交货	×	×	√	×
	12	产品研发投资	−1	−1	−1	−1
	13	厂房出售（买转租）/退租/租转买	×	×	×	×
	14	支付管理费/更新厂房租金	−1	−1	−1	−1
	15	新市场开拓/ISO 投资	√	√	√	−2
	16	紧急采购（随时）	×	×	×	×
	17	出售库存（随时）	×	×	×	×
	18	应收账款贴现（随时）	×	×	×	×
	19	其他支出	×	×	×	×
	20	现金收入合计	+0	+10	+10	
	21	现金支出合计	−41	−8	−27	
	22	季末对账（1+21−22）	+83	+85	+68	

现金收入合计：把从第 2 项更新"短期借款/短期借款还本付息"到第 19 项其他支出的现金流入加起来，然后在流程表中记录"+0"，如表 3.129 所示。

表 3.129 经营流程表

序号		操作步骤	第 1 年			
			1Q	2Q	3Q	4Q
年初 7 项	1	新年度规划会议	√			
	2	投放广告费	−1			
	3	参加订货会议/登记订单	√			
	4	支付应付税款	−3			
	5	支付长期借款利息	×			
	6	更新"长期借款/长期借款还款"	×			
	7	申请长期借款	+100（5）			
季中 22 项	1	季初盘点	+124	+83	+85	+68
	2	更新"短期借款/短期借款还本付息"	√	√	−21	−21
	3	申请短期借款	×	×	×	×
	4	原材料入库/更新原料订单	−2	×	−3	×
	5	下原料订单	×	√	×	×
	6	购买/租用厂房	−30	×	×	×
	7	更新生产/完工入库	√	√	√	√
	8	新建/在建/转产/变卖生产线	−5	−5	√	×
	9	开始下一批生产	−2	−1	−1	−3
	10	更新"应收账款/应收账款收现"	√	+10	+10	√
	11	按订单交货	×	×	√	×
	12	产品研发投资	−1	−1	−1	−1
	13	厂房出售（买转租）/退租/租转买	×	×	×	×
	14	支付管理费/更新厂房租金	−1	−1	−1	−1
	15	新市场开拓/ISO 投资	√	√	√	−2
	16	紧急采购（随时）	×	×	×	×
	17	出售库存（随时）	×	×	×	×
	18	应收账款贴现（随时）	×	×	×	×
	19	其他支出	×	×	×	×
	20	现金收入合计	+0	+10	+10	+0
	21	现金支出合计	−41	−8	−27	
	22	季末对账（1+21−22）	+83	+85	+68	

现金支出合计：把从第 2 项更新"短期借款/短期借款还本付息"到第 19 项其他支出的现金流出加起来，然后在流程表中记录"−28"，如表 3.130 所示。

表 3.130 经营流程表

序号		操作步骤	第1年			
			1Q	2Q	3Q	4Q
年初7项	1	新年度规划会议	√			
	2	投放广告费	−1			
	3	参加订货会议/登记订单	√			
	4	支付应付税款	−3			
	5	支付长期借款利息	×			
	6	更新"长期借款/长期借款还款"	×			
	7	申请长期借款	+100（5）			
季中22项	1	季初盘点	+124	+83	+85	+68
	2	更新"短期借款/短期借款还本付息"	√	√	−21	−21
	3	申请短期借款	×	×	×	×
	4	原材料入库/更新原料订单	−2	×	−3	×
	5	下原料订单	×	√	×	×
	6	购买/租用厂房	−30	×	×	×
	7	更新生产/完工入库	√	√	√	√
	8	新建/在建/转产/变卖生产线	−5	−5	√	×
	9	开始下一批生产	−2	−1	−1	−3
	10	更新"应收账款/应收账款收现"	√	+10	+10	√
	11	按订单交货	×	×	√	×
	12	产品研发投资	−1	−1	−1	−1
	13	厂房出售（买转租）/退租/租转买	×	×	×	×
	14	支付管理费/更新厂房租金	−1	−1	−1	−1
	15	新市场开拓/ISO投资	√	√	√	−2
	16	紧急采购（随时）	×	×	×	×
	17	出售库存（随时）	×	×	×	×
	18	应收账款贴现（随时）	×	×	×	×
	19	其他支出	×	×	×	×
	20	现金收入合计	+0	+10	+10	+0
	21	现金支出合计	−41	−8	−27	−28
	22	季末对账（1+21−22）	+83	+85	+68	

季末对账（1+20−21）：按公式计算，然后在流程表中记录"+40"，如表 3.131 所示。

表 3.131 经营流程表

序号		操作步骤	第 1 年			
			1Q	2Q	3Q	4Q
年初 7项	1	新年度规划会议	√			
	2	投放广告费	−1			
	3	参加订货会议/登记订单	√			
	4	支付应付税款	−3			
	5	支付长期借款利息	×			
	6	更新"长期借款/长期借款还款"	×			
	7	申请长期借款	+100（5）			
季中 22项	1	季初盘点	+124	+83	+85	+68
	2	更新"短期借款/短期借款还本付息"	√	√	−21	−21
	3	申请短期借款	×	×	×	×
	4	原材料入库/更新原料订单	−2	×	−3	×
	5	下原料订单	×	√	×	×
	6	购买/租用厂房	−30	×	×	×
	7	更新生产/完工入库	√	√	√	√
	8	新建/在建/转产/变卖生产线	−5	−5	√	×
	9	开始下一批生产	−2	−1	−1	−3
	10	更新"应收账款/应收账款收现"	√	+10	+10	√
	11	按订单交货	×	×	√	×
	12	产品研发投资	−1	−1	−1	−1
	13	厂房出售（买转租）/退租/租转买	×	×	×	×
	14	支付管理费/更新厂房租金	−1	−1	−1	−1
	15	新市场开拓/ISO 投资	√	√	√	−2
	16	紧急采购（随时）	×	×	×	×
	17	出售库存（随时）	×	×	×	×
	18	应收账款贴现（随时）	×	×	×	×
	19	其他支出	×	×	×	×
	20	现金收入合计	+0	+10	+10	+0
	21	现金支出合计	−41	−8	−27	−28
	22	季末对账（1+21−22）	+83	+85	+68	+40

（3）年末 5 项

缴纳违约订单罚款：因为不涉及，所以在经营流程表上记录"×"，如表 3.132
所示。

表 3.132 经营流程表

序号		操作步骤	第1年			
			1Q	2Q	3Q	4Q
年初 7项	1	新年度规划会议	√			
	2	投放广告费	−1			
	3	参加订货会议/登记订单	√			
	4	支付应付税款	−3			
	5	支付长期借款利息	×			
	6	更新"长期借款/长期借款还款"	×			
	7	申请长期借款	+100（5）			
季中 22项	1	季初盘点	+124	+83	+85	+68
	2	更新"短期借款/短期借款还本付息"	√	√	−21	−21
	3	申请短期借款	×	×	×	×
	4	原材料入库/更新原料订单	−2	×	−3	×
	5	下原料订单	×	√	×	×
	6	购买/租用厂房	−30	×	×	×
	7	更新生产/完工入库	√	√	√	√
	8	新建/在建/转产/变卖生产线	−5	−5	√	×
	9	开始下一批生产	−2	−1	−1	−3
	10	更新"应收账款/应收账款收现"	√	+10	+10	√
	11	按订单交货	×	×	√	×
	12	产品研发投资	−1	−1	−1	−1
	13	厂房出售（买转租）/退租/租转买	×	×	×	×
	14	支付管理费/更新厂房租金	−1	−1	−1	−1
	15	新市场开拓/ISO 投资	√	√	√	−2
	16	紧急采购（随时）	×	×	×	×
	17	出售库存（随时）	×	×	×	×
	18	应收账款贴现（随时）	×	×	×	×
	19	其他支出	×	×	×	×
	20	现金收入合计	+0	+10	+10	+0
	21	现金支出合计	−41	−8	−27	−28
	22	季末对账（1+21−22）	+83	+85	+68	+40
年末 5项	1	缴纳违约订单罚款				×
	2	支付设备维护费				
	3	计提折旧				
	4	新市场/ISO 换证				
	5	结账				

支付设备维护费：确认应支付设备维护费的生产线有 5 条，财务部门从现金库中取5M，放在沙盘桌面设备维护费位置，如图 3.41 所示；然后在流程表上记录"-5"，如表 3.133 所示。

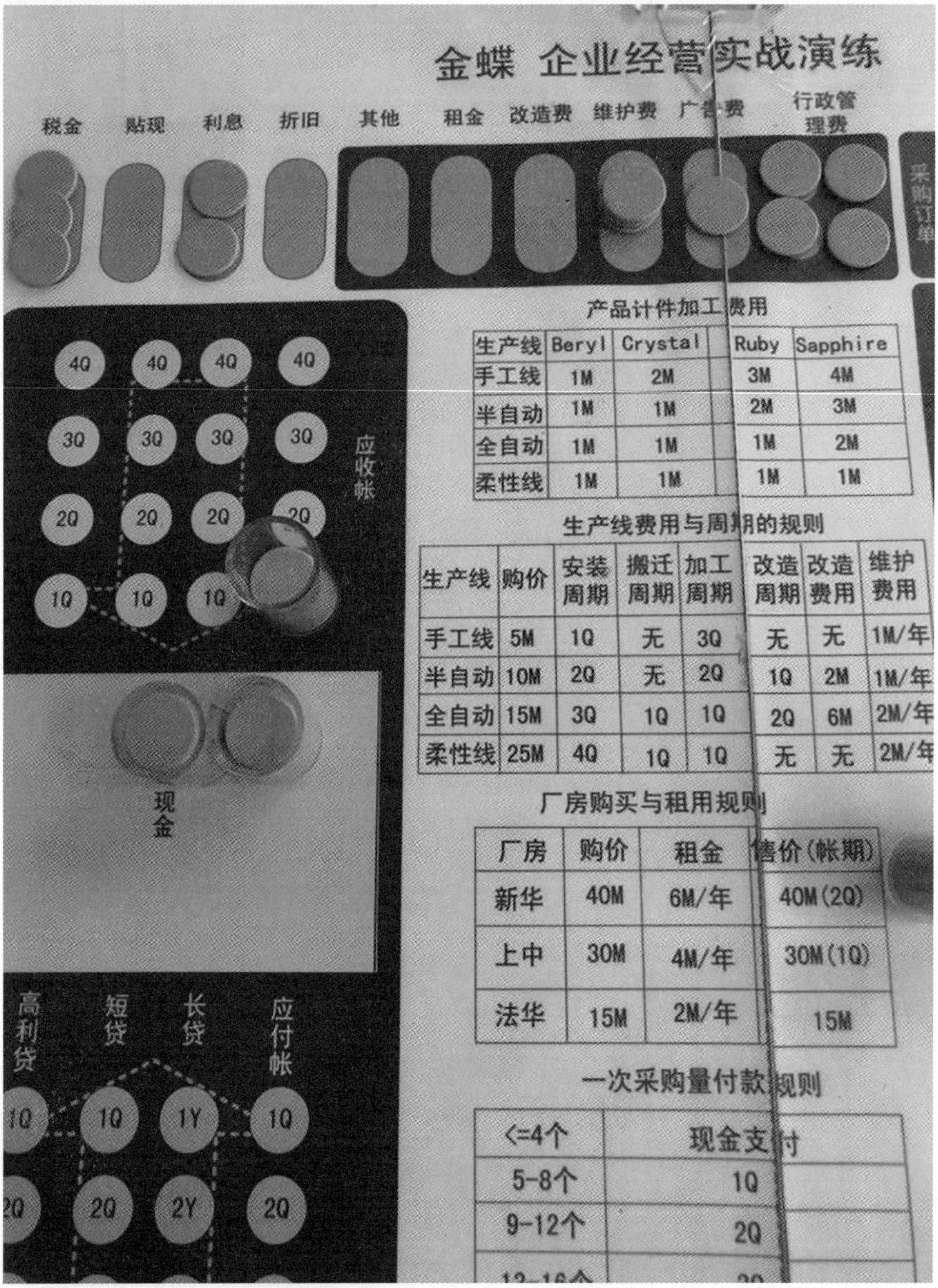

图 3.41 支付设备维护费

表 3.133 经营流程表

序号		操作步骤	第 1 年			
			1Q	2Q	3Q	4Q
年初 7 项	1	新年度规划会议	√			
	2	投放广告费	−1			
	3	参加订货会议/登记订单	√			
	4	支付应付税款	−3			
	5	支付长期借款利息	×			
	6	更新"长期借款/长期借款还款"	×			
	7	申请长期借款	+100（5）			
季中 22 项	1	季初盘点	+124	+83	+85	+68
	2	更新"短期借款/短期借款还本付息"	√	√	−21	−21
	3	申请短期借款	×	×	×	×
	4	原材料入库/更新原料订单	−2	×	−3	×
	5	下原料订单	×	√	×	×
	6	购买/租用厂房	−30	×	×	×
	7	更新生产/完工入库	√	√	√	√
	8	新建/在建/转产/变卖生产线	−5	−5	√	×
	9	开始下一批生产	−2	−1	−1	−3
	10	更新"应收账款/应收账款收现"	√	+10	+10	√
	11	按订单交货	×	×	√	×
	12	产品研发投资	−1	−1	−1	−1
	13	厂房出售（买转租）/退租/租转买	×	×	×	×
	14	支付管理费/更新厂房租金	−1	−1	−1	−1
	15	新市场开拓/ISO 投资	√	√	√	−2
	16	紧急采购（随时）	×	×	×	×
	17	出售库存（随时）	×	×	×	×
	18	应收账款贴现（随时）	×	×	×	×
	19	其他支出	×	×	×	×
	20	现金收入合计	+0	+10	+10	+0
	21	现金支出合计	−41	−8	−27	−28
	22	季末对账（1+21−22）	+83	+85	+68	+40
年末 5 项	1	缴纳违约订单罚款				×
	2	支付设备维护费				−5
	3	计提折旧				
	4	新市场/ISO 换证				
	5	结账				

计提折旧：确认应计提折旧的生产线有 4 条，财务部门从沙盘桌面上 4 条手工线设备净值里分别取出 1M，累计折旧 4M，放到折旧费所在位置，如图 3.42 所示；然后在流程表上记录"√"，如表 3.134 所示。

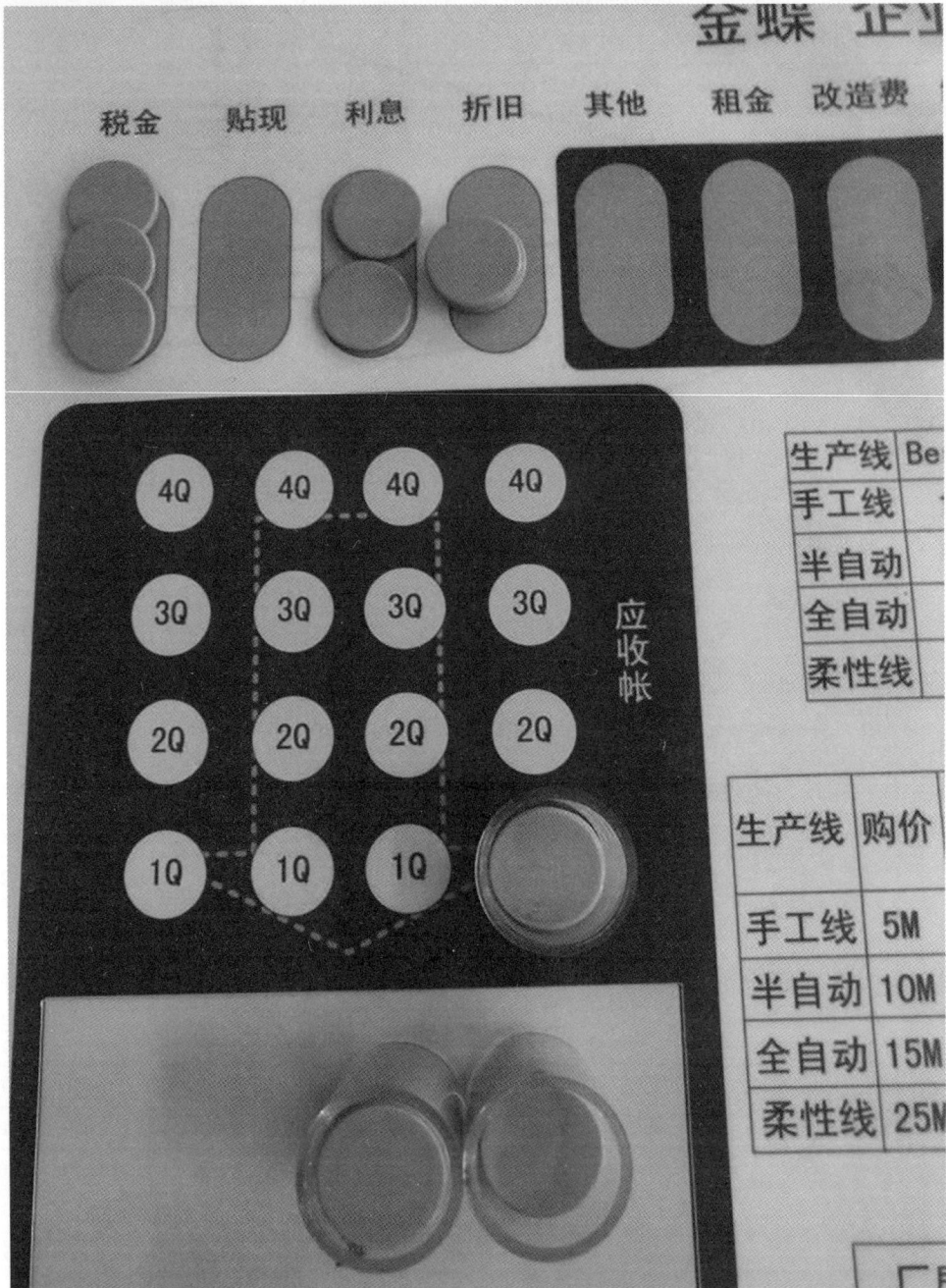

图 3.42 计提折旧

表 3.134 经营流程表

序号		操作步骤	第1年			
			1Q	2Q	3Q	4Q
年初 7项	1	新年度规划会议	√			
	2	投放广告费	−1			
	3	参加订货会议/登记订单	√			
	4	支付应付税款	−3			
	5	支付长期借款利息	×			
	6	更新"长期借款/长期借款还款"	×			
	7	申请长期借款	+100（5）			
季中 22项	1	季初盘点	+124	+83	+85	+68
	2	更新"短期借款/短期借款还本付息"	√	√	−21	−21
	3	申请短期借款	×	×	×	×
	4	原材料入库/更新原料订单	−2	×	−3	×
	5	下原料订单	×	√	×	×
	6	购买/租用厂房	−30	×	×	×
	7	更新生产/完工入库	√	√	√	√
	8	新建/在建/转产/变卖生产线	−5	−5	√	×
	9	开始下一批生产	−2	−1	−1	−3
	10	更新"应收账款/应收账款收现"	√	+10	+10	√
	11	按订单交货	×	×	√	×
	12	产品研发投资	−1	−1	−1	−1
	13	厂房出售（买转租）/退租/租转买	×	×	×	×
	14	支付管理费/更新厂房租金	−1	−1	−1	−1
	15	新市场开拓/ISO投资	√	√	√	−2
	16	紧急采购（随时）	×	×	×	×
	17	出售库存（随时）	×	×	×	×
	18	应收账款贴现（随时）	×	×	×	×
	19	其他支出	×	×	×	×
	20	现金收入合计	+0	+10	+10	+0
	21	现金支出合计	−41	−8	−27	−28
	22	季末对账（1+21−22）	+83	+85	+68	+40
年末 5项	1	缴纳违约订单罚款				×
	2	支付设备维护费				−5
	3	计提折旧				√
	4	新市场/ISO换证				
	5	结账				

　　新市场/ISO 换证：此时区域市场已经开拓完成，在实验报告销售部门市场开发登记表上登记市场开发完成情况，如表 3.135；然后在经营流程表上记录"区域"，如表 3.136 所示。

表 3.135　市场开发登记表

年度	本地市场 （ly）	区域市场 （ly）	国内市场 （2y）	亚洲市场 （3y）	国际市场 （4y）	开发费用 合计	开发完成
第 1 年		1				1	区域
第 2 年							
第 3 年							
第 4 年							
第 5 年							
第 6 年							

表 3.136　经营流程表

序号		操作步骤	第 1 年			
			1Q	2Q	3Q	4Q
年初 7 项	1	新年度规划会议	√			
	2	投放广告费	−1			
	3	参加订货会议/登记订单	√			
	4	支付应付税款	−3			
	5	支付长期借款利息	×			
	6	更新"长期借款/长期借款还款"	×			
	7	申请长期借款	+100（5）			
季中 22 项	1	季初盘点	+124	+83	+85	+68
	2	更新"短期借款/短期借款还本付息"	√	√	−21	−21
	3	申请短期借款	×	×	×	×
	4	原材料入库/更新原料订单	−2	×	−3	×
	5	下原料订单	×	√	×	×
	6	购买/租用厂房	−30	×	×	×
	7	更新生产/完工入库	√	√	√	√
	8	新建/在建/转产/变卖生产线	−5	−5	√	×
	9	开始下一批生产	−2	−1	−1	−3
	10	更新"应收账款/应收账款收现"	√	+10	+10	√
	11	按订单交货	×	×	√	×
	12	产品研发投资	−1	−1	−1	−1
	13	厂房出售（买转租）/退租/租转买	×	×	×	×
	14	支付管理费/更新厂房租金	−1	−1	−1	−1

续表 3.136

序号		操作步骤	第1年			
			1Q	2Q	3Q	4Q
季中 22项	15	新市场开拓/ISO投资	√	√	√	-2
	16	紧急采购（随时）	×	×	×	×
	17	出售库存（随时）	×	×	×	×
	18	应收账款贴现（随时）	×	×	×	×
	19	其他支出	×	×	×	×
	20	现金收入合计	+0	+10	+10	+0
	21	现金支出合计	-41	-8	-27	-28
	22	季末对账（1+21-22）	+83	+85	+68	+40
年末 5项	1	缴纳违约订单罚款				×
	2	支付设备维护费				-5
	3	计提折旧				√
	4	新市场/ISO换证				区域
	5	结账				

结账：在经营流程表中记录"+35"，如表3.137所示。

表 3.137 经营流程表

序号		操作步骤	第1年			
			1Q	2Q	3Q	4Q
年初 7项	1	新年度规划会议	√			
	2	投放广告费	-1			
	3	参加订货会议/登记订单	√			
	4	支付应付税款	-3			
	5	支付长期借款利息	×			
	6	更新"长期借款/长期借款还款"	×			
	7	申请长期借款	+100（5）			
季中 22项	1	季初盘点	+124	+83	+85	+68
	2	更新"短期借款/短期借款还本付息"	√	√	-21	-21
	3	申请短期借款	×	×	×	×
	4	原材料入库/更新原料订单	-2	×	-3	×
	5	下原料订单	×	√	×	×
	6	购买/租用厂房	-30	×	×	×
	7	更新生产/完工入库	√	√	√	√
	8	新建/在建/转产/变卖生产线	-5	-5	√	×
	9	开始下一批生产	-2	-1	-1	-3

表 3.137　经营流程表

序号		操作步骤	第 1 年			
			1Q	2Q	3Q	4Q
季中 22 项	10	更新"应收账款/应收账款收现"	√	+10	+10	√
	11	按订单交货	×	×	√	×
	12	产品研发投资	−1	−1	−1	−1
	13	厂房出售（买转租）/退租/租转买	×	×	×	×
	14	支付管理费/更新厂房租金	−1	−1	−1	−1
	15	新市场开拓/ISO 投资	√	√	√	−2
	16	紧急采购（随时）	×	×	×	×
	17	出售库存（随时）	×	×	×	×
	18	应收账款贴现（随时）	×	×	×	×
	19	其他支出	×	×	×	×
	20	现金收入合计	+0	+10	+10	+0
	21	现金支出合计	−41	−8	−27	−28
	22	季末对账（1+21−22）	+83	+85	+68	+40
年末 5 项	1	缴纳违约订单罚款				×
	2	支付设备维护费				−5
	3	计提折旧				√
	4	新市场/ISO 换证				区域
	5	结账				+35

3.3　年末报表编制引导

3.3.1　综合费用明细表

表 3.138　综合费用明细表

项目	金额	备注
管理费用	4	
广告费	1	
维护费	5	
财务费用	2	
转产费	0	
租金	0	
市场开拓费	1	□本地　区域 □国内 □亚洲 □国际
产品研发费	4	Beryl（　），Crystal（4），Ruby（　），Sapphire（　）
ISO 认证费	1	ISO 9000，□ ISO 14000
间谍费	0	
合计	18	

（1）"管理费用"项目根据企业当年支付的行政管理费用填列。企业每季度支付1M的行政管理费，全年共支付行政管理费4M。需要注意的是，管理费用是固定费用，每年的总额是4M。

（2）"广告费"项目根据企业当年年初的"广告登记表"中填列的广告费投放广告总金额。

（3）"维护费"项目根据企业实际支付的生产线维护费填列。根据规则，只要生产线建设完工不论是否生产，都应当支付1M维护费，即当年末结束，有几条建成的生产线，就交多少M的维护费。比如，如果某生产线第4季度在建，则该在建生产线（在建工程）不交维护费；如果该生产线在第4季度建成，则要交1M的维护费。

（4）"财务费用"项目反映企业本年发生的长期借款、短期借款的利息，再加上应收账款贴息计算填列，也可以通过物理沙盘台面上的"利息"填列。

（5）"转产费"根据企业生产线转产支付的转产费填列。

（6）"租金"项目根据企业支付的厂房租金填列。

（7）"市场开拓费"根据企业本年开发市场支付的开拓费填列。为了明确开拓的市场，需要在"备注"栏本年开拓的市场前画"√"。

（8）"产品研发费"项目根据本年企业研发产品支付的研发费填列。为了明确产品研发的品种及金额。应在"备注"栏产品的名称前记录研发金额。

（9）"ISO 认证费"项目根据企业本年 ISO 认证开发支付的开发费填列。为了明确认证的种类，需要在"备注"栏本年认证的名称前画"√"。

（10）"间谍费"项目根据系统参数设定计算。

3.3.2　利润表

表 3.139　利润表（简表）

项　目	上年数	本年数
销售收入		10
销售成本		4
折旧额		4
综合费用		18
营业利润		−16
损失		0
利润总额		−16
所得税		0
年度净利润		−16

利润表中"上年数"栏反映各项目上年的实际发生数，根据上年利润表的"本年数"填列。利润表中"本年数"栏反映各项目本年的实际发生数，根据本年实际发生额的合计填列。

（1）"销售收入"项目，反映企业销售产品取得的收入总额。本项目应根据实验报告中"产品核算统计表"填列。

（2）"销售成本"项目，反映企业本年已经销售产品的实际成本。本项目应根据实验报告中"产品核算统计表"填列。

（3）"折旧额"项目，反映企业当年计提的折旧额，根据当期计提的折旧额填列，可通过核对物理沙盘台面上费用区的"折旧"中的灰币填列。

（4）"综合费用"项目反映企业本年发生的综合费用，根据"综合费用明细表"的合计数填列。

（5）"营业利润"项目，反映企业销售产品实现的毛利。本项目是根据销售收入减去销售成本、折旧额、综合费用后的余额填列。

（6）"损失"项目的构成主要包括：

①生产线变卖。生产线的变卖属于非正常经营活动，生产线的净值与残值的差额部分计入损失。

②库存折价拍卖。原材料须按订购成本的 8 折出售后，2 折计入损失。

③销售订单违约。企业没有按订单约定的条件交付产品，即构成违约，违约按违约订单销售额的 20% 计算违约金，并计入损失。

（7）"利润总额"项目，反映企业本年实现的利润总额。本项目是根据营业利润减去损失后的余额填列。

（8）"所得税"项目反映企业本年应缴纳的所得税费用。

（9）"年度净利润"项目反映企业本年实现的净利润，本项目根据利润总额减去所得税后的余额填列。

3.3.3 资产负债表

表 3.140　资产负债表（简表）

资产	期初数	期末数	负债及所有者权益	期初数	期末数
流动资产：			负债：		
库存现金	28	35	短期借款	40	0
应收账款	20	10	应付账款		
原材料	2	0	应交税费	3	0
库存商品	6	12	长期借款		100
生产成本　（在制品）	6	10			
流动资产合计	62	67	负债合计	43	100
固定资产：			所有者权益：		
厂房	40	70	实收资本	60	60
设备	12	18	利润留存	4	11
在建工程			当年净利润	7	−16
固定资产合计	52	88	所有者权益合计	71	55
资产总计	114	155	负债及所有者权益总计	114	155

（1）资产负债表由期初数和期末数两个栏目组成。资产负债表的"期初数"栏各项目数字应根据上年末资产负债表"期末数"栏内所列数字填列。资产负债表的"期末数"栏各项目，主要根据模拟实验中沙盘盘面的资产状况，通过盘点后的实际金额和有关项目期末余额资料编制。

（2）资产类项目主要根据模拟实验中物理沙盘盘面的资产状况通过盘点后的实际金额填列。

（3）负债类项目中的"长期借款"和"短期借款"根据模拟实验中物理沙盘盘面上的长期借款和短期借款数额填列，如果有将于一年内到期的长期借款，应单独反映。

（4）"应交税费"项目根据企业本年"利润表"中的"所得税"项目的金额填列。

（5）"所有者权益"中的实收资本项目，直接根据上年末"利润表"中的"实收资本"项目填列。模拟实验中，假设没有股东注资的情况，此项金额一般保持不变。

（6）"利润留存"项目根据上年末资产负债表中的"利润留存"和"年度净利润"两个项目的合计数填列。

（7）"年度净利润"项目根据本年"利润表"中的"年度净利润"项目填列。

4 财务管理模拟实验企业策略分析

4.1 企业战略分析与选择

4.1.1 企业战略分析

财务管理模拟实验中的企业处在一个开放的环境中，企业与外部环境要素之间、企业内部各个部门之间都发生着物质和信息的交换，企业活动既受外部环境影响，又受内部条件影响。因此，制订和选择企业战略之前，必须对企业的外部环境和内部条件进行分析。

（一）企业外部环境分析

（1）市场分析

财务管理模拟实验中提供了若干年的市场预测数据，包括对本地市场、区域市场、国内市场、亚洲市场和国际市场五个市场不同产品的需求量和市场均价的预测，它是企业制定经营战略的市场基础。企业进行市场分析时，重点分析市场需求量、单位产品毛利水平等指标。

①市场需求量分析。市场对产品的需求是企业生存和发展的前提和基础。首先，总的市场需求量决定了企业生产规模的大小，企业根据市场需求量来扩张企业的生产能力，才能确保产品的顺利销售，回笼资金，实现企业盈利。根据模拟实验的起始状态设置和市场开发规则，企业最初只有本地 Beryl 一个细分市场。随着市场开拓计划的实施，企业能进入的细分市场逐年增加。第二年企业能进入的最大细分市场数为 8 个，第三年为 12 个，第四年为 16 个，第五年和第六年均为 20 个。随着企业可进入的细分市场数和市场总需求量的逐年增加，企业能够实现的销售量和销售收入也不断增大。在企业资源允许的前提下，应充分利用市场机会，投资新的生产线，逐步扩大生产规模，实现企业发展。

其次，企业可以开发生产的 4 种产品的需求量也有大有小。有的产品市场需求量大，有些产品市场需求量小。需求量大的产品意味着市场机会多，需求量小的产品则市场机会少。

再有，随着时间推移，同一产品的市场需求量也会发生变化。以 Sapphire 为例，第一年、第二年、第三年 Sapphire 产品的市场需求量均为 0，从第四年开始，市场需求量逐年增加，分别为10个、24个和38个。如果企业生产规模扩张较快，生产的产品品种较多，应该根据不同年份各产品市场需求量的变化调整产品结构，以保证产品的顺利销售。

②单位产品毛利水平分析。在模拟实验中，单位产品毛利是指产品的价格与其直接生产成本之差。毛利水平的高低决定单位产品盈利能力，当企业生产规模一定时，选择毛利水平高的产品，可以实现企业利润最大化。

（2）竞争对手分析

①竞争对手的市场开拓状况，包括已经开发完成的市场、正在开发的市场及其开发程度。

②竞争对手的产品研发状况，包括已经获得生产资格的产品、正在研发中的产品及研发程度，结合竞争对手的市场开拓状况，可分析它们与本企业的细分市场重合度。

③竞争对手的生产能力，包括已建成的生产线及其类型、正在建设的生产线及其类型，以此推算其市场供给量。

④竞争对手的产品库存量，包括库存产品的数量和种类，与竞争对手的生产能力结合分析，可估算出各产品的市场供应量，再与市场需求量进行对比，可分析市场的供求关系，并据此确定企业战略的实施方案。

⑤竞争对手财务状况，包括企业所有者权益、企业贷款总额及贷款类型、企业现金余额、应收账款余额及到账期等。通过分析竞争对手的财务状况，可以估算其战略扩张能力并推断其战略选择的类型。

⑥竞争对手市场营销策略，包括竞争对手细分市场选择、广告投入金额等，通过分析竞争对手市场营销策略，可为企业制定营销战略提供依据。

（二）企业内部条件分析

企业内部条件是企业经营的基础，是制定战略的出发点、依据和条件，是竞争取胜的根本。对企业的内部条件进行分析，目的在于掌握企业目前的状况，明确企业所具有的长处和弱点，以便使确定的战略能够实现，并使选定的战略能发挥企业的优势，有效地利用企业的资源。模拟实验中应重点分析以下企业内部条件。

（1）财务状况

资金是企业的血液，是一切企业活动的必备条件。对模拟企业自身的财务状况进行分析主要包括以下内容：

①自有资金是否能满足企业经营的需要？

②企业贷款余额及其结构是否合理？

③企业有无筹措资金的能力？有哪些筹资方式？成本如何？

④企业的利润主要来源于哪些产品和细分市场？

⑤企业可通过哪些方式提高收益？

⑥企业在哪些方面可以降低成本和费用？

（2）生产能力

①企业目前拥有哪些生产线？年生产能力是否与市场需求相匹配？

②企业产品的市场占有率有多少？

③各种不同的产品在销售、生产等方面的协同性如何？

④企业有没有新建生产线的必要？

⑤企业是否具备新建生产线的能力？

（3）产品研发状况

①企业已经拥有哪些产品的生产资格？还需要研发哪些产品？

②企业是否具有研发新产品的能力？

（4）市场营销能力

①企业已经开拓了哪些市场？正在开拓的市场有哪些？

②企业拥有准入资格的市场能否满足企业产品销售的需要？

③企业是否需要进一步开发新的市场？

④企业是否具备进一步开发新市场的能力？

⑤企业营销人员的销售能力如何？

⑥企业广告投入产出比是否合理？

⑦企业的信息收集和信息分析能力如何？

（5）管理人员的素质

①本企业 CEO 的管理风格是什么？是否有利于企业竞争？

②企业管理人员的分工是否合理？

③企业管理人员是否具备完成本职工作的能力？

④企业管理人员的工作态度是否积极认真？

（6）过去的目标和战略

①企业过去的主要经营目标是否达到？

②企业目标制定是否合理？

③企业已采用了什么战略？是否取得成功？原因何在？

4.1.2　企业战略选择

企业经营战略是企业竞争地位的基础，企业常用的经营战略主要有三种：成本领先战略、差异化战略和集中化战略。这三种企业经营战略都可运用在财务管理模拟实验中。

（一）成本领先战略

（1）通过适度的产能扩张、合理的产品组合、恰当的细分市场选择来尽可能地提高企业广告投入产出比，降低单位产品的广告成本。

（2）选择合理的资金筹措方式，既满足企业战略发展的资金需要，又尽可能地降低企业的财务成本费用，在生产销售规模不变的情况，使单位产品的财务费用最小化。

（3）抓住市场发展机遇，充分利用企业现有资源，适度扩张企业生产规模，降低单位产品的管理费、研发费、ISO 资格认证费等费用的分摊。

（4）改造生产效率较低的生产线，投资建设高效率生产线，降低单位产品厂房费用、维修费用等。

（二）差异化战略

差异化战略是通过与竞争对手在产品或服务等方面形成差异，避免与其发生直接竞争，从而降低企业经营成本与风险。财务管理模拟实验中的差异化战略可分为产品差异化战略和市场差异化战略两类。

（1）产品差异化战略

该战略是在生产和销售的产品种类上与竞争对手形成差异。企业可以选择生产 Beryl，Crystal，Ruby，Sapphire 其中的一种产品或它们的某个组合，通过收集市场信息估计竞争对手现有的产品组合和拟增加的新产品种类，若发现其中的某类产品竞争强度很大，而另外一些产品则出现空白或市场供给量很少，而企业正好具备生产这类产品的能力。这时，避开竞争强度大的产品转向生产市场空白产品，既可以降低企业的销售费用，又可以降低企业的销售风险。

（2）市场差异化战略

该战略是选择进入与竞争对手相差异的细分市场。随着经营时间的推移，只要企业市场开拓的速度足够及时，企业可以选择进入的细分市场由 1 个最多可增至 20 个。但并不是每个企业都会同时开发所有的细分市场，如果市场信息分析中发现某个市场极少有竞争对手开发，而本企业正好拥有该市场的准入资格，选择进入该市场避免与其他竞争对手直接冲突，同样可以降低企业销售费用及销售风险。

（三）集中化战略

集中化战略适合生产规模较小的企业，也可分为产品集中化战略和市场集中化战略两种。产品集中化战略的应用范围较广，企业将有限的生产线集中生产某种产品，既可降低生产成本，同时也可以降低销售成本。市场集中化战略一般在有市场老大的情形下运用最多，将产品集中于拥有老大资格的市场中销售，一是可以降低销售费用；二是可以降低销售风险；三是可以维持在该市场的老大地位。

4.2 企业营销策略

4.2.1 目标市场选择

财务管理模拟实验中按产品和市场两个指标可细分为 20 个子市场，企业在进行目标市场选择时可以有五种目标市场覆盖模式：产品-市场集中化模式、市场集中化模式、产品集中化模式、选择性专业化模式和全面覆盖模式。各模拟企业可以根据自己的实际情况选择适合的目标市场覆盖模式。

（1）产品-市场集中化模式

这一目标市场覆盖模式通常在模拟企业运行的第一年运用。模拟企业新一届管理层接手时，企业只拥有本地市场准入资格，只获得 P1 产品的生产资格。因此，企业的目标市场只有唯一一个本地 P1 市场。从第二年开始，随着市场的开拓和新产品研发工作的进行，企业目标市场的选择模式也将发生变化。

（2）市场集中化模式

随着生产规模的扩大，模拟企业的产品需要在若干个细分市场上进行分销。选择市场集中化模式的企业是将企业生产的两种或两种以上的产品销售在同一市场里。采用这种目标市场覆盖模式的情形有以下两种。

第一种情形是当市场运营规则中规定上年度某市场的老大下一个经营年度拥有该市场优先选单权时，某模拟企业如果获得某市场的老大资格，下一个经营年度其目标市场将集中在该市场，这样就可以用较少的广告投放获得尽可能多的市场订单，降低企业的销售成本。

第二种情形是某模拟企业在分析竞争对手市场开拓状况时，发现某个本企业开发完毕的市场其他竞争对手没有完成开发，或只有很少的企业完成了该市场的开发。这时，企业将目标市场集中于该市场，只需要投放较少的广告费，就能获得较多的订单，提高企业广告投入产出比，通过降低广告成本增加企业利润。

（3）产品集中化模式

选择产品集中化模式的企业在 Beryl，Crystal，Ruby，Sapphire 四种产品中进行选择，集中生产其中一种产品。由于生产品种单一，为了确保产品的顺利销售，企业需要在多个市场同一产品的细分市场上投放广告。企业通常在下列两种情形下使用这一目标市场覆盖模式。

第一种情形是企业将长期发展目标确定为行业内某一产品的生产供应商，只为市场提供单一产品，做好单一产品的开发、生产和服务。虽然单一产品发展目标会限制企业发展的总体规模，很难使企业取得行业中龙头老大的地位。但单一产品可以使企业在研发、广告投放等方面获得成本上的节约，也能使企业获得较为满意的利润。

第二种情形是企业在最初两年的发展中没有取得较好的经营业绩，企业资源尤其是财力资源不足以支撑企业大规模扩张。在生产规模不能持续扩张的情况下，企业将有限的生产能力集中到某一种产品的生产上，有利于广告费用的节约和市场订单争取，以实现较好的利润增长。

选择产品集中化模式的企业必须在市场开拓上做较多的投资，使企业拥有多个市场的准入资格，这样才能保证企业在生产规模适度扩张的情况下产品的顺利销售。

（4）选择性专业化模式

模拟实验中使用选择性专业化目标市场覆盖模式的企业通常在企业发展的最初几年里在产品研发和市场开拓方面做了较大的投资，企业拥有多种产品的生产资格和多个市场的准许资格，并且生产线有较大的柔性，可以灵活地调整生产的品种和数量。在这种条件下，企业可以根据不同产品和不同市场上竞争强度及盈利能力，灵活地进行目标市场的组合，使企业进入的目标市场竞争强度小，单位产品的盈利能力强。这样，企业在特定生产能力下，用较小的广告投放，获得足够数量的订单，实现利润最大化。

（5）全面覆盖模式

选择全面覆盖模式的企业通常是行业的龙头企业。这类企业生产规模大，经济实力强，有全面覆盖的能力，也有全面覆盖的需求。模拟实验中某些企业在前几年的发展中取得好的经营业绩,所有者权益快速上升,企业融资规模增大,有足够的资金进行生产线建设、市场开拓、ISO 资格认证等方面的投资,企业生产能力不断增长,能进入的市场也随着经营时间的推进而逐渐增加。例如,有些企业第五年年初就拥有 8~10 条高效率生产线(全自动生产线或柔性生产线),全年生产能力达到 30 个或以上。企业要想获得足够的订单,顺利销售当年生产的产品,只能采用全面覆盖模式,在多个市场上销售能够获利的所有产品。

当然,全面覆盖模式不是指模拟企业要在 20 个细分市场全部投放广告,但其广告投放的细分市场至少占到全部细分市场的 70% 以上,企业生产 Beryl,Crystal,Ruby,Sapphire 各类产品,同时在本地市场、区域市场、国内市场、亚洲市场和国际市场上都投放广告并获得订单。

4.2.2 产品组合策略

产品组合策略通常有三种:扩大产品组合、缩减产品组合和产品线现代化。这三种产品组合策略都可以运用在模拟实验中。

(1)扩大产品组合

扩大产品组合策略包括开拓产品组合宽度和加强产品组合深度两个方面,在模拟实验中扩大产品组合主要是前者。这是因为模拟实验中的产品结构较为简单,4 条产品线 Beryl,Crystal,Ruby,Sapphire 都只有一个产品项目,不能通过增加产品组合的深度来扩大产品组合。

模拟实验中企业最早期拥有 Beryl 生产资格,但单一产品的市场容量有限,如果不扩大企业产品组合,增加可选择的细分市场,企业产品的销售就会遇到较大困难,出现产能过剩、库存增加、现金不能及时回笼、所有者权益下降等一系列问题。因此,企业应该综合分析市场需求量、产品盈利性以及竞争强度等因素,制定本企业产品组合扩大策略。

(2)缩减产品组合

企业运用缩减产品组合策略,就是剔除原来产品组合中获利小的产品线或产品项目,集中资源生产那些获利多的产品线或产品项目。模拟实验中,Beryl 是企业最初主要生产和销售的产品。但随着 Crystal,Ruby,Sapphire 产品的问世,低技术含量的 Beryl 产品的市场需求量下降,市场价格下滑,企业利润空间越来越小。企业可以选择适时退出 Beryl 生产领域,生产利润更高的其他产品。

此外,从第二年开始,Crystal 是一个受到众多公司追捧的产品,它的市场需求量大,单位产品的毛利高,最高时可达 5M。但从第五年开始,其市场价格开始下滑,盈利能力不及 Ruby 和 Sapphire 产品。如果企业拥有 Ruby 或者 Sapphire 生产资格,且生产线具有较大的柔性,这时应将更多的资源从 Crystal 的生产销售上转到 Ruby 或者 Sapphire 的生产销售上,以实现利润最大化。

(3)产品线现代化

这一策略强调把现代科学技术应用到产品生产过程中去。有时,企业产品组合的宽度和深度都合适,但产品线的生产形式落后,影响企业的生产和市场营销效率。这就必须对生产线进行现代化改造。模拟实验中，前任管理层采用了低成本、低投入的生产方式，建设了四条手工线。随着企业和市场的发展，需要对这种较为落后的生产方式进行升级改造，在模拟实验中，可考虑变卖原有的低效率生产线，替代以高效率的全自动生产线和柔性线。

4.2.3　产品生命周期营销策略

一种产品进入市场后，它的销售情况和获利能力会随着时间的推移而改变，呈现出一个由少到多再由多到少的过程，经历导入期、成长期、成熟期和衰退期4个阶段，即所谓产品的生命周期。模拟实验中 Beryl，Crystal，Ruby，Sapphire 这4种产品也有各自的生产周期，这反映在它们的市场需求量和市场价格的变动趋势上。例如，Pl 产品从第二年开始，市场需求量下降，市场价格下滑，开始进入衰退期；而 Crystal 产品从第二年开始，需求量和市场价格都逐年增加，进入成长期，但从第五年开始，市场价格明显回落，有衰退迹象；分析 Ruby，Sapphire 产品的市场量价组合也能够看出明显的周期性。根据产品生命周期营销策略，企业可以在不同阶段采用不同的营销策略，确定产品研发的进程以及产品投放市场和退出市场的时间进程，以使企业获得尽可能大的经济效益。

4.2.4　广告投放策略

广告投放策略是模拟实验中重要的环节，它对企业经营成果具有重大影响。一个好的广告投放策略是模拟实验企业取得良好经营业绩的重要保证，衡量企业广告策略有效性的主要指标是广告投入产出比，它是订单销售额与广告投放额之比，广告投入产出比越高，说明企业的广告策略越有效。

影响模拟实验企业广告投放策略的因素很多，最主要的是企业的生产能力、上年度末产品的库存量、市场供求关系以及竞争对手状况等。企业根据对各种影响因素的综合分析，决定其广告投入细分市场和广告投放金额策略。

（1）广告投放细分市场数目

首先是确定广告投放细分市场数目，即企业需要在多少个细分市场投入广告。决定企业广告投入细分市场数目的最主要因素有两个：一是企业本年度可供销售的产品数量；二是产品市场供求关系。

企业本年度可供销售的产品数量是企业本年度生产能力和上年度末产品库存之和，它决定企业本年度销售任务的多少。如果可供销售的产品数量大，则需要在多个细分市场投放广告，以实现产品的销售；如果可供销售的产品数量少，则只需要在少量细分市场投放广告即可。

市场供求关系有三种情形：一是供不应求；二是供过于求；三是供求基本平衡。通过对年初收集到的竞争对手信息的分析，将竞争对手的产品库存量和本年度生产能力加总，可以获知本年度市场的总供给量，与本年度市场需求量进行比较，就可以判断出本年度市场大致的供求关系状况。市场供不应求时，市场竞争小，企业在单个细分市场可争取到的订单数量较大，只需要在较少的细分市场进行广告投放；如果企业供过于求，市场竞争大，企业在单个细分市场可争取到的订单数量少，则需要在较多的细分市场投放广告。

（2）广告投放金额

影响企业广告投放金额的最主要因素也是企业的年度销售任务和市场供求关系。如果市场供不应求，说明市场的竞争强度较小，产品销售难度小，广告投放额度也可以较少；如果市场供过于求，说明市场竞争强度大，需要投入较大额度的广告费用才有可能获得足够多的订单。这时，企业需要分析市场需求量以及竞争对手的广告投放习惯，估算某个额度的广告投放可能争取到的订单数量，最终确定本企业年度广告投放总额度以及在每个细分市场的投放额度。同时，还需要考虑企业年度销售任务，如果企业年度销售任务小，广告投放金额可以较少；如果年度销售任务大，即使是市场供不应求，也需要投入较多的广告费用，因为企业能够获得的选单机会与所投放的广告金额有关，具体规则参见第三章相关部分。

4.3　企业生产策略和新产品研发策略

4.3.1　生产线建设策略

在生产线的改造、新建过程中，主要考虑生产线建设的类型、数量和时机。

（1）新建生产线的类型

模拟实验有四种类型的生产线：手工线、半自动线、全自动线和柔性线。手工线和半自动生产线的生产周期长，生产效率低，是企业发展过程中要进行现代化改造的对象，新建生产线不应该考虑增加手工线和半自动生产线。

全自动生产线和柔性生产线属于高效率的先进生产线，其生产线效率相同，但在生产的灵活性和购买成本上各有优势。全自动生产线购置成本和折旧成本低于柔性生产线，但柔性生产线具有全自动生产线没有的生产灵活性。企业进行生产能力扩张时，在这两种生产线的建设进行取舍时，要综合考虑企业财务状况、产品组合及其变动等因素。当企业产品组合单一且稳定时，可选择全自动生产线以降低生产成本和财务成本。当企业产品组合较为复杂，或者随着时间推移企业的产品组合有较大变化时，应该投资一部分柔性生产线，以保持生产上的灵活性，这样就可以根据市场订单情况灵活地调整不同产品的生产时间和数量。

（2）新建生产线的数量和时机

模拟实验中，企业可根据市场需求增加情况和企业财力资源来决定新建设生产线的数量和时机。

决定企业新建生产线数量和时机时，首先要考虑的因素是市场需求及其增长趋势。任何时候企业都是为满足市场需求而进行生产的。没有市场需求的生产是盲目的，企业的产品不能通过市场实现销售，资产的增值就无法实现，资金也无法及时回笼，严重时会使企业现金断流，导致破产。因此，企业应精确计算每年各类产品的市场需求量、本企业已有的生产能力、其他企业的供给能力，并计算总的市场供给量和市场需求量之间的缺口，估算本企业可以新增的市场销售量，并根据企业的资金能力，来确定生产线建设的数量和时机。

（3）生产线的改造

当企业已经购买的 A 厂房 4 条生产线位置全部被占用，企业仍有规模扩张的能力和必要时，有以下两种方案可供选择：一是变卖 A 厂房内低生产效率的手工线，在原手工线的位置投资建设高效率生产线，即进行生产线的现代化改造；二是直接购买或租赁 B 厂房，在新厂房建设新生产线，当 B 厂房 3 条生产线位置也被全部占用后，再考虑购买或租赁 C 厂房。企业选择哪个方案进行生产线的现代化改造，要综合考虑企业扩张速度、市场需求、企业生产能力等。当进行生产能力扩张时，企业产品库存较大，生产能力大于市场销售量，可考虑选用第一个方案；若企业产品供不应求，可考虑第二个方案。

4.3.2　厂房策略

模拟实验为经营者提供了 A、B、C 三个厂房，可租可买，厂房内最多可以建 8 条生产线。如果企业资金充足，从成本的角度来看，购买厂房比租赁厂房更为合算。因此，如果有足够的资金，企业尽可能地购买需要使用的厂房；若资金不足，也可以选择先租赁厂房，将企业有限的财力优先用于日常生产经营活动和生产线的投资新建上。

4.3.3　生产计划

制订企业生产计划需要遵守三个基本原则：

一是满足市场销售的需要，即生产的安排要能够满足当年销售订单的交货需要；

二是尽可能地利用企业现有的生产能力，在生产能力范围内，尽可能地生产市场需要的、盈利能力高的产品；

三是要符合企业战略发展的需要，与企业战略发展的方向一致。

4.3.4　原材料采购计划

企业原材料及时充足的供应是保证生产环节顺利进行的基础，同时，原材料也是产品成本的重要组成部分，过多的原材料库存会占用过多的企业资金，造成企业总的财务费用的增加，甚至有可能导致企业资金不足。因此，在模拟实验中采购部门要制订科学合理的原材料采购计划，在满足企业生产需要的基础上，尽可能地减少原材料库存，降低原材料资金占用。

4.3.5　新产品研发策略

（1）企业目标市场中产品的预计销量和预计利润水平。企业开发的产品只有能大量生产并能及时销售出去才能真正产生效益，否则，一般情况下，我们认为就是开发失败。而企业要将生产出来的产品销售出去，首先要考虑的就是市场的需要量，只有市场有需要，我们才能开发并生产，同时，如果市场的需要量不是很大，而所有企业都开发并生产的话，势必增加竞争，对企业也是不利的。其次要考虑目标市场产品的预计利润水平。企业应根据各个市场产品的利润水平，综合作出企业产品的开发决策。

（2）竞争对手的产品开发策略。企业在进行产品开发时，应当预计竞争对手的产品开发策略，尽可能在产品上形成错位竞争。在进行决策时，可以从对手的市场开发情况、生产线状况、资金情况等方面入手，分析竞争对手的产品开发策略。

（3）企业自身的生产能力。一般情况下，企业的产品品种越丰富，企业产品生产的灵活性越强。但是，企业开发产品，应当结合自己的生产能力，否则，产品开发出来以后，由于生产能力不足，导致开发出来的产品不能生产而形成资源的浪费。一般情况下，企业每种产品每年的产量至少应在 5 件，否则就没有竞争力，也不能形成规模效益。

（4）企业的资金状况。开发产品需要投入资金，为此，企业应当考虑自身的资金状况。最基本的原则就是投入了产品开发，不会导致当期和后期出现资金的断流。为此，企业应当认真做好现金预算。

实 验 报 告

实验名称：＿＿＿＿＿＿＿＿

班　　级：＿＿＿＿＿＿＿＿

学　　号：＿＿＿＿＿＿＿＿

姓　　名：＿＿＿＿＿＿＿＿

岗　　位：＿＿＿＿＿＿＿＿

年　　　月

经营流程表

序号		操作步骤	第 1 年			
			1Q	2Q	3Q	4Q
年初 7 项	1	新年度规划会议				
	2	投放广告费				
	3	参加订货会议/登记订单				
	4	支付应付税款				
	5	支付长期借款利息				
	6	更新"长期借款/长期借款还款"				
	7	申请长期借款				
季中 22 项	1	季初盘点				
	2	更新"短期借款/短期借款还本付息"				
	3	申请短期借款				
	4	原材料入库/更新原料订单				
	5	下原料订单				
	6	购买/租用厂房				
	7	更新生产/完工入库				
	8	新建/在建/转产/变卖生产线				
	9	开始下一批生产				
	10	更新"应收账款/应收账款收现"				
	11	按订单交货				
	12	产品研发投资				
	13	厂房出售(买转租)/退租/租转买				
	14	支付管理费/更新厂房租金				
	15	新市场开拓/ISO 投资				
	16	紧急采购(随时)				
	17	出售库存(随时)				
	18	应收账款贴现(随时)				
	19	其他支出				
	20	现金收入合计				
	21	现金支出合计				
	22	季末对账(1+21-22)				
年末 5 项	1	缴纳违约订单罚款				
	2	支付设备维护费				
	3	计提折旧				
	4	新市场/ISO 换证				
	5	结账				

经营流程表

序号		操作步骤	第1年			
			1Q	2Q	3Q	4Q
年初 7项	1	新年度规划会议				
	2	投放广告费				
	3	参加订货会议/登记订单				
	4	支付应付税款				
	5	支付长期借款利息				
	6	更新"长期借款/长期借款还款"				
	7	申请长期借款				
季中 22项	1	季初盘点				
	2	更新"短期借款/短期借款还本付息"				
	3	申请短期借款				
	4	原材料入库/更新原料订单				
	5	下原料订单				
	6	购买/租用厂房				
	7	更新生产/完工入库				
	8	新建/在建/转产/变卖生产线				
	9	开始下一批生产				
	10	更新"应收账款/应收账款收现"				
	11	按订单交货				
	12	产品研发投资				
	13	厂房出售（买转租）/退租/租转买				
	14	支付管理费/更新厂房租金				
	15	新市场开拓/ISO 投资				
	16	紧急采购（随时）				
	17	出售库存（随时）				
	18	应收账款贴现（随时）				
	19	其他支出				
	20	现金收入合计				
	21	现金支出合计				
	22	季末对账（1+21-22）				
年末 5项	1	缴纳违约订单罚款				
	2	支付设备维护费				
	3	计提折旧				
	4	新市场/ISO 换证				
	5	结账				

经营流程表

序号		操作步骤	第1年			
			1Q	2Q	3Q	4Q
年初 7项	1	新年度规划会议		▨	▨	▨
	2	投放广告费		▨	▨	▨
	3	参加订货会议/登记订单		▨	▨	▨
	4	支付应付税款		▨	▨	▨
	5	支付长期借款利息		▨	▨	▨
	6	更新"长期借款/长期借款还款"		▨	▨	▨
	7	申请长期借款		▨	▨	▨
季中 22项	1	季初盘点				
	2	更新"短期借款/短期借款还本付息"				
	3	申请短期借款				
	4	原材料入库/更新原料订单				
	5	下原料订单				
	6	购买/租用厂房				
	7	更新生产/完工入库				
	8	新建/在建/转产/变卖生产线				
	9	开始下一批生产				
	10	更新"应收账款/应收账款收现"				
	11	按订单交货				
	12	产品研发投资				
	13	厂房出售（买转租）/退租/租转买				
	14	支付管理费/更新厂房租金				
	15	新市场开拓/ISO投资				
	16	紧急采购（随时）				
	17	出售库存（随时）				
	18	应收账款贴现（随时）				
	19	其他支出				
	20	现金收入合计				
	21	现金支出合计				
	22	季末对账（1+21-22）				
年末 5项	1	缴纳违约订单罚款	▨	▨	▨	
	2	支付设备维护费	▨	▨	▨	
	3	计提折旧	▨	▨	▨	
	4	新市场/ISO换证	▨	▨	▨	
	5	结账	▨	▨	▨	

经营流程表

序号		操作步骤	第1年			
			1Q	2Q	3Q	4Q
年初 7项	1	新年度规划会议				
	2	投放广告费				
	3	参加订货会议/登记订单				
	4	支付应付税款				
	5	支付长期借款利息				
	6	更新"长期借款/长期借款还款"				
	7	申请长期借款				
季中 22项	1	季初盘点				
	2	更新"短期借款/短期借款还本付息"				
	3	申请短期借款				
	4	原材料入库/更新原料订单				
	5	下原料订单				
	6	购买/租用厂房				
	7	更新生产/完工入库				
	8	新建/在建/转产/变卖生产线				
	9	开始下一批生产				
	10	更新"应收账款/应收账款收现"				
	11	按订单交货				
	12	产品研发投资				
	13	厂房出售（买转租）/退租/租转买				
	14	支付管理费/更新厂房租金				
	15	新市场开拓/ISO投资				
	16	紧急采购（随时）				
	17	出售库存（随时）				
	18	应收账款贴现（随时）				
	19	其他支出				
	20	现金收入合计				
	21	现金支出合计				
	22	季末对账（1+21-22）				
年末 5项	1	缴纳违约订单罚款				
	2	支付设备维护费				
	3	计提折旧				
	4	新市场/ISO换证				
	5	结账				

经营流程表

序号		操作步骤	第1年			
			1Q	2Q	3Q	4Q
年初 7项	1	新年度规划会议				
	2	投放广告费				
	3	参加订货会议/登记订单				
	4	支付应付税款				
	5	支付长期借款利息				
	6	更新"长期借款/长期借款还款"				
	7	申请长期借款				
季中 22项	1	季初盘点				
	2	更新"短期借款/短期借款还本付息"				
	3	申请短期借款				
	4	原材料入库/更新原料订单				
	5	下原料订单				
	6	购买/租用厂房				
	7	更新生产/完工入库				
	8	新建/在建/转产/变卖生产线				
	9	开始下一批生产				
	10	更新"应收账款/应收账款收现"				
	11	按订单交货				
	12	产品研发投资				
	13	厂房出售（买转租）/退租/租转买				
	14	支付管理费/更新厂房租金				
	15	新市场开拓/ISO投资				
	16	紧急采购（随时）				
	17	出售库存（随时）				
	18	应收账款贴现（随时）				
	19	其他支出				
	20	现金收入合计				
	21	现金支出合计				
	22	季末对账（1+21-22）				
年末 5项	1	缴纳违约订单罚款				
	2	支付设备维护费				
	3	计提折旧				
	4	新市场/ISO换证				
	5	结账				

经营流程表

序号		操作步骤	第1年			
			1Q	2Q	3Q	4Q
年初 7项	1	新年度规划会议				
	2	投放广告费				
	3	参加订货会议/登记订单				
	4	支付应付税款				
	5	支付长期借款利息				
	6	更新"长期借款/长期借款还款"				
	7	申请长期借款				
季中 22项	1	季初盘点				
	2	更新"短期借款/短期借款还本付息"				
	3	申请短期借款				
	4	原材料入库/更新原料订单				
	5	下原料订单				
	6	购买/租用厂房				
	7	更新生产/完工入库				
	8	新建/在建/转产/变卖生产线				
	9	开始下一批生产				
	10	更新"应收账款/应收账款收现"				
	11	按订单交货				
	12	产品研发投资				
	13	厂房出售（买转租）/退租/租转买				
	14	支付管理费/更新厂房租金				
	15	新市场开拓/ISO投资				
	16	紧急采购（随时）				
	17	出售库存（随时）				
	18	应收账款贴现（随时）				
	19	其他支出				
	20	现金收入合计				
	21	现金支出合计				
	22	季末对账（1+21-22）				
年末 5项	1	缴纳违约订单罚款				
	2	支付设备维护费				
	3	计提折旧				
	4	新市场/ISO换证				
	5	结账				

总 经 理 部 门

组　　号：＿＿＿＿＿＿＿＿

公司名称：＿＿＿＿＿＿＿＿

部门成员：＿＿＿＿＿＿＿＿

＿＿＿＿＿＿＿＿

＿＿＿＿＿＿＿＿

＿＿＿＿＿＿＿＿

＿＿＿＿＿＿＿＿

＿＿＿＿＿＿＿＿

一、年度会议记录

　　1. 第 1 年

　　2. 第 2 年

　　3. 第 3 年

4. 第 4 年

5. 第 5 年

6. 第 6 年

二、年度目标、发展方向以及经营策略

    1.　第 1 年

    2.　第 2 年

    3.　第 3 年

    4.　第 4 年

    5.　第 5 年

    6.　第 6 年

采 购 与 仓 储 部 门

组　　号：＿＿＿＿＿＿＿

公司名称：＿＿＿＿＿＿＿

部门成员：＿＿＿＿＿＿＿

　　　　　＿＿＿＿＿＿＿

　　　　　＿＿＿＿＿＿＿

　　　　　＿＿＿＿＿＿＿

　　　　　＿＿＿＿＿＿＿

　　　　　＿＿＿＿＿＿＿

原材料采购及付款登记表

年份		第一年																
季度	期初	1 季度				2 季度				3 季度				4 季度			
原材料		M1	M2	M3	M4	M1	M2	M3	M4	M1	M2	M3	M4	M1	M2	M3	M4
订购数量																	
采购入库																	
应付材料款																	
剩余数量																	

产成品统计表

年份	第一年											
季度	1 季度			2 季度			3 季度			4 季度		
项目	入库	出库	剩余	入库	出库	剩余	入库	出库	剩余	入库	出库	剩余
P1												
P2												
P3												
P4												

原材料采购及付款登记表

年份		第二年																
季度	期初	1 季度				2 季度				3 季度				4 季度			
原材料		M1	M2	M3	M4	M1	M2	M3	M4	M1	M2	M3	M4	M1	M2	M3	M4
订购数量																	
采购入库																	
应付材料款																	
剩余数量																	

表 3.20　产成品统计表

年份	第二年											
季度	1 季度			2 季度			3 季度			4 季度		
项目	入库	出库	剩余	入库	出库	剩余	入库	出库	剩余	入库	出库	剩余
P1												
P2												
P3												
P4												

原材料采购及付款登记表

年份		第三年															
季度	期初	1 季度				2 季度				3 季度				4 季度			
原材料		M1	M2	M3	M4	M1	M2	M3	M4	M1	M2	M3	M4	M1	M2	M3	M4
订购数量																	
采购入库																	
应付材料款																	
剩余数量																	

产成品统计表

年份	第三年											
季度	1 季度			2 季度			3 季度			4 季度		
项目	入库	出库	剩余	入库	出库	剩余	入库	出库	剩余	入库	出库	剩余
P1												
P2												
P3												
P4												

原材料采购及付款登记表

年份		第四年															
季度	期初	1 季度				2 季度				3 季度				4 季度			
原材料		M1	M2	M3	M4	M1	M2	M3	M4	M1	M2	M3	M4	M1	M2	M3	M4
订购数量																	
采购入库																	
应付材料款																	
剩余数量																	

产成品统计表

年份	第四年											
季度	1 季度			2 季度			3 季度			4 季度		
项目	入库	出库	剩余	入库	出库	剩余	入库	出库	剩余	入库	出库	剩余
P1												
P2												
P3												
P4												

原材料采购及付款登记表

年份		第五年															
季度	期初	1 季度				2 季度				3 季度				4 季度			
原材料		M1	M2	M3	M4	M1	M2	M3	M4	M1	M2	M3	M4	M1	M2	M3	M4
订购数量																	
采购入库																	
应付材料款																	
剩余数量																	

产成品统计表

年份	第五年											
季度	1 季度			2 季度			3 季度			4 季度		
项目	入库	出库	剩余	入库	出库	剩余	入库	出库	剩余	入库	出库	剩余
P1												
P2												
P3												
P4												

原材料采购及付款登记表

年份		第六年															
季度	期初	1 季度				2 季度				3 季度				4 季度			
原材料		M1	M2	M3	M4	M1	M2	M3	M4	M1	M2	M3	M4	M1	M2	M3	M4
订购数量																	
采购入库																	
应付材料款																	
剩余数量																	

产成品统计表

年份	第六年											
季度	1 季度			2 季度			3 季度			4 季度		
项目	入库	出库	剩余	入库	出库	剩余	入库	出库	剩余	入库	出库	剩余
P1												
P2												
P3												
P4												

生 产 部 门

组　　　号：_____

公司名称：_____

部门成员：_____

_____

_____

_____

_____

_____

产品研发登记表

年度	季度	P1	P2	P3	P4	研发费用合计	研发完成
第一年	1 季度						
	2 季度						
	3 季度						
	4 季度						
第二年	1 季度						
	2 季度						
	3 季度						
	4 季度						
第三年	1 季度						
	2 季度						
	3 季度						
	4 季度						
第四年	1 季度						
	2 季度						
	3 季度						
	4 季度						
第五年	1 季度						
	2 季度						
	3 季度						
	4 季度						
第六年	1 季度						
	2 季度						
	3 季度						
	4 季度						

产能手工记录表

厂房	生产线			第一年			
				1 季度	2 季度	3 季度	4 季度
A	生产线 1 名称	手工线	产品名称				
			材料名称				
	生产线 2 名称	手工线	产品名称				
			材料名称				
	生产线 3 名称	手工线	产品名称				
			材料名称				
	生产线 4 名称	手工线	产品名称				
			材料名称				
B	生产线 5 名称		产品名称				
			材料名称				
	生产线 6 名称		产品名称				
			材料名称				
	生产线 7 名称		产品名称				
			材料名称				
C	生产线 8 名称		产品名称				
			材料名称				

产能手工记录表

厂房	生产线			第二年			
				1 季度	2 季度	3 季度	4 季度
A	生产线 1 名称	手工线	产品名称				
			材料名称				
	生产线 2 名称	手工线	产品名称				
			材料名称				
	生产线 3 名称	手工线	产品名称				
			材料名称				
	生产线 4 名称	手工线	产品名称				
			材料名称				
B	生产线 5 名称		产品名称				
			材料名称				
	生产线 6 名称		产品名称				
			材料名称				
	生产线 7 名称		产品名称				
			材料名称				
C	生产线 8 名称		产品名称				
			材料名称				

产能手工记录表

厂房	生产线			第三年			
				1 季度	2 季度	3 季度	4 季度
A	生产线 1 名称	手工线	产品名称				
			材料名称				
	生产线 2 名称	手工线	产品名称				
			材料名称				
	生产线 3 名称	手工线	产品名称				
			材料名称				
	生产线 4 名称	手工线	产品名称				
			材料名称				
B	生产线 5 名称		产品名称				
			材料名称				
	生产线 6 名称		产品名称				
			材料名称				
	生产线 7 名称		产品名称				
			材料名称				
C	生产线 8 名称		产品名称				
			材料名称				

产能手工记录表

厂房	生产线			第四年			
				1 季度	2 季度	3 季度	4 季度
A	生产线 1 名称	手工线	产品名称				
			材料名称				
	生产线 2 名称	手工线	产品名称				
			材料名称				
	生产线 3 名称	手工线	产品名称				
			材料名称				
	生产线 4 名称	手工线	产品名称				
			材料名称				
B	生产线 5 名称		产品名称				
			材料名称				
	生产线 6 名称		产品名称				
			材料名称				
	生产线 7 名称		产品名称				
			材料名称				
C	生产线 8 名称		产品名称				
			材料名称				

产能手工记录表

厂房	生产线			第五年			
				1季度	2季度	3季度	4季度
A	生产线1名称	手工线	产品名称				
			材料名称				
	生产线2名称	手工线	产品名称				
			材料名称				
	生产线3名称	手工线	产品名称				
			材料名称				
	生产线4名称	手工线	产品名称				
			材料名称				
B	生产线5名称		产品名称				
			材料名称				
	生产线6名称		产品名称				
			材料名称				
	生产线7名称		产品名称				
			材料名称				
C	生产线8名称		产品名称				
			材料名称				

产能手工记录表

厂房	生产线			第六年			
				1季度	2季度	3季度	4季度
A	生产线1名称	手工线	产品名称				
			材料名称				
	生产线2名称	手工线	产品名称				
			材料名称				
	生产线3名称	手工线	产品名称				
			材料名称				
	生产线4名称	手工线	产品名称				
			材料名称				
B	生产线5名称		产品名称				
			材料名称				
	生产线6名称		产品名称				
			材料名称				
	生产线7名称		产品名称				
			材料名称				
C	生产线8名称		产品名称				
			材料名称				

销 售 部 门

组　　　号：＿＿＿＿＿＿＿＿

公司名称：＿＿＿＿＿＿＿＿

部门成员：＿＿＿＿＿＿＿＿

＿＿＿＿＿＿＿＿

＿＿＿＿＿＿＿＿

＿＿＿＿＿＿＿＿

＿＿＿＿＿＿＿＿

市场开发登记表

年度	本地市场 （ly）	区域市场 （ly）	国内市场 （2y）	亚洲市场 （3y）	国际市场 （4y）	开发费用 合计	开发完成
第 1 年							
第 2 年							
第 3 年							
第 4 年							
第 5 年							
第 6 年							

ISO 认证登记表

年度	ISO 9000	ISO 14000	认证费用合计	认证完成
第 1 年				
第 2 年				
第 3 年				
第 4 年				
第 5 年				
第 6 年				

第 1 年广告费登记表

本地		区域		国内		亚洲		国际	
产品	广告费	产品	广告费	产品	广告费	产品	广告费	产品	广告费
Pl		Pl		Pl		Pl		Pl	
P2		P2		P2		P2		P2	
P3		P3		P3		P3		P3	
P4		P4		P4		P4		P4	

第 2 年广告费登记表

本地		区域		国内		亚洲		国际	
产品	广告费	产品	广告费	产品	广告费	产品	广告费	产品	广告费
Pl		Pl		Pl		Pl		Pl	
P2		P2		P2		P2		P2	
P3		P3		P3		P3		P3	
P4		P4		P4		P4		P4	

第 3 年广告费登记表

本地		区域		国内		亚洲		国际	
产品	广告费	产品	广告费	产品	广告费	产品	广告费	产品	广告费
Pl		Pl		Pl		Pl		Pl	
P2		P2		P2		P2		P2	
P3		P3		P3		P3		P3	
P4		P4		P4		P4		P4	

第 4 年广告费登记表

本地		区域		国内		亚洲		国际	
产品	广告费	产品	广告费	产品	广告费	产品	广告费	产品	广告费
Pl		Pl		Pl		Pl		Pl	
P2		P2		P2		P2		P2	
P3		P3		P3		P3		P3	
P4		P4		P4		P4		P4	

第 5 年广告费登记表

本地		区域		国内		亚洲		国际	
产品	广告费	产品	广告费	产品	广告费	产品	广告费	产品	广告费
Pl		Pl		Pl		Pl		Pl	
P2		P2		P2		P2		P2	
P3		P3		P3		P3		P3	
P4		P4		P4		P4		P4	

第 6 年广告费登记表

本地		区域		国内		亚洲		国际	
产品	广告费	产品	广告费	产品	广告费	产品	广告费	产品	广告费
Pl		Pl		Pl		Pl		Pl	
P2		P2		P2		P2		P2	
P3		P3		P3		P3		P3	
P4		P4		P4		P4		P4	

第 1 年订单登记表

订单号	本 2-1-1								合计
市场									
产品									
数量									
账期									
交货期									
销售额									
成本									
毛利									

第 2 年订单登记表

订单号	本 2-1-1								合计
市场									
产品									
数量									
账期									
交货期									
销售额									
成本									
毛利									

第 3 年订单登记表

订单号	本 2-1-1							合计
市场								
产品								
数量								
账期								
交货期								
销售额								
成本								
毛利								

第 4 年订单登记表

订单号	本 2-1-1							合计
市场								
产品								
数量								
账期								
交货期								
销售额								
成本								
毛利								

第 5 年订单登记表

订单号	本 2-1-1								合计
市场									
产品									
数量									
账期									
交货期									
销售额									
成本									
毛利									

第 6 年订单登记表

订单号	本 2-1-1								合计
市场									
产品									
数量									
账期									
交货期									
销售额									
成本									
毛利									

财 务 部 门

组　　号：_____

公司名称：_____

部门成员：_____

_____

_____

_____

_____

资金预算表

项目	第一年				第二年				第三年			
	1Q	2Q	3Q	4Q	1Q	2Q	3Q	4Q	1Q	2Q	3Q	4Q
期初库存现金												
广告投入												
支付上年应交税费												
长贷本息支付												
支付到期短贷本息												
原料采购现金												
厂房租买												
新建、在建生产线												
工人工资												
产品研发												
管理费												
厂房续租												
市场、ISO												
设备维护												
违约罚款												
应收账款收现												
申请长贷												
申请短贷												
贴现收入												
出售库存												
库存现金余额												

资金预算表

项目	第四年				第五年				第六年			
	1Q	2Q	3Q	4Q	1Q	2Q	3Q	4Q	1Q	2Q	3Q	4Q
期初库存现金												
广告投入												
支付上年应交税费												
长贷本息支付												
支付到期短贷本息												
原料采购现金												
厂房租买												
新建、在建生产线												
工人工资												
产品研发												
管理费												
厂房续租												
市场、ISO												
设备维护												
违约罚款												
应收账款收现												
申请长贷												
申请短贷												
贴现收入												
出售库存												
库存现金余额												

应收账款登记表

年份		第一年				第二年				第三年			
季度		1	2	3	4	1	2	3	4	1	2	3	4
应收账期	1												
	2												
	3												
	4												
到期													
贴现													
贴现费													

应收账款登记表

年份		第四年				第五年				第六年			
季度		1	2	3	4	1	2	3	4	1	2	3	4
应收账期	1												
	2												
	3												
	4												
到期													
贴现													
贴现费													

第一年产品核算统计表

项目	Beryl	Crystal	Ruby	Sapphire	合计
销售数量					
销售收入					
销售成本					
毛利					

第一年综合费用明细表

项目	金额	备注
管理费用		
广告费		
维护费		
财务费用		
转产费		
租金		
市场开拓费		口本地 口区域 □国内 □亚洲 □国际
产品研发费		Beryl（　）， Crystal（　）， Ruby（　）， Sapphire（　）
ISO 认证费		□ ISO 9000，　□ ISO 14000
间谍费		
合计		

第一年利润表（简表）

项目	上年数	本年数
销售收入		
销售成本		
折旧额		
综合费用		
营业利润		
损失		
利润总额		
所得税		
年度净利润		

第一年资产负债表（简表）

资产	期初数	期末数	负债及所有者权益	期初数	期末数
流动资产：			负债：		
库存现金			短期借款		
应收账款			应付账款		
原材料			应交税费		
库存商品			长期借款		
生产成本　（在制品）					
流动资产合计			负债合计		
固定资产：			所有者权益：		
厂房			实收资本		
设备			利润留存		
在建工程			当年净利润		
固定资产合计			所有者权益合计		
资产总计			负债及所有者权益总计		

第二年产品核算统计表

项目	Beryl	Crystal	Ruby	Sapphire	合计
销售数量					
销售收入					
销售成本					
毛利					

第二年综合费用明细表

项目	金额	备注
管理费用		
广告费		
维护费		
财务费用		
转产费		
租金		
市场开拓费		□本地 □区域 □国内 □亚洲 □国际
产品研发费		Beryl（　）, 　Crystal（　）, 　Ruby（　）, 　Sapphire（　）
ISO 认证费		□ ISO 9000,　　□ ISO 14000
间谍费		
合计		

第二年利润表（简表）

项目	上年数	本年数
销售收入		
销售成本		
折旧额		
综合费用		
营业利润		
损失		
利润总额		
所得税		
年度净利润		

第二年资产负债表（简表）

资产	期初数	期末数	负债及所有者权益	期初数	期末数
流动资产：			负债：		
库存现金			短期借款		
应收账款			应付账款		
原材料			应交税费		
库存商品			长期借款		
生产成本 （在制品）					
流动资产合计			负债合计		
固定资产：			所有者权益：		
厂房			实收资本		
设备			利润留存		
在建工程			当年净利润		
固定资产合计			所有者权益合计		
资产总计			负债及所有者权益总计		

第三年产品核算统计表

项目	Beryl	Crystal	Ruby	Sapphire	合计
销售数量					
销售收入					
销售成本					
毛利					

第三年综合费用明细表

项目	金额	备注
管理费用		
广告费		
维护费		
财务费用		
转产费		
租金		
市场开拓费		□本地 □区域 □国内 □亚洲 □国际
产品研发费		Beryl（　），　Crystal（　），　Ruby（　），　Sapphire（　）
ISO 认证费		□ ISO 9000，　□ ISO 14000
间谍费		
合计		

第三年利润表（简表）

项 目	上年数	本年数
销售收入		
销售成本		
折旧额		
综合费用		
营业利润		
损失		
利润总额		
所得税		
年度净利润		

第三年资产负债表（简表）

资产	期初数	期末数	负债及所有者权益	期初数	期末数
流动资产：			负债：		
库存现金			短期借款		
应收账款			应付账款		
原材料			应交税费		
库存商品			长期借款		
生产成本　（在制品）					
流动资产合计			负债合计		
固定资产：			所有者权益：		
厂房			实收资本		
设备			利润留存		
在建工程			当年净利润		
固定资产合计			所有者权益合计		
资产总计			负债及所有者权益总计		

第四年产品核算统计表

项目	Beryl	Crystal	Ruby	Sapphire	合计
销售数量					
销售收入					
销售成本					
毛利					

第四年综合费用明细表

项目	金额	备 注
管理费用		
广告费		
维护费		
财务费用		
转产费		
租金		
市场开拓费		□本地 □区域 □国内 □亚洲 □国际
产品研发费		Beryl（　）， Crystal（　）， Ruby（　）， Sapphire（　）
ISO 认证费		□ ISO 9000，　　□ ISO 14000
间谍费		
合 计		

第四年利润表（简表）

项 目	上年数	本年数
销售收入		
销售成本		
折旧额		
综合费用		
营业利润		
损 失		
利润总额		
所得税		
年度净利润		

第四年资产负债表（简表）

资产	期初数	期末数	负债及所有者权益	期初数	期末数
流动资产：			负债：		
库存现金			短期借款		
应收账款			应付账款		
原材料			应交税费		
库存商品			长期借款		
生产成本　（在制品）					
流动资产合计			负债合计		
固定资产：			所有者权益：		
厂房			实收资本		
设备			利润留存		
在建工程			当年净利润		
固定资产合计			所有者权益合计		
资产总计			负债及所有者权益总计		

第五年产品核算统计表

项目	Beryl	Crystal	Ruby	Sapphire	合计
销售数量					
销售收入					
销售成本					
毛利					

第五年综合费用明细表

项目	金额	备 注
管理费用		
广告费		
维护费		
财务费用		
转产费		
租金		
市场开拓费		□本地 □区域 □国内 □亚洲 □国际
产品研发费		Beryl（ ）, Crystal（ ）, Ruby（ ）, Sapphire（ ）
ISO 认证费		□ ISO 9000, □ ISO 14000
间谍费		
合计		

第五年利润表（简表）

项 目	上年数	本年数
销售收入		
销售成本		
折旧额		
综合费用		
营业利润		
损失		
利润总额		
所得税		
年度净利润		

第五年资产负债表（简表）

资产	期初数	期末数	负债及所有者权益	期初数	期末数
流动资产：			负债：		
库存现金			短期借款		
应收账款			应付账款		
原材料			应交税费		
库存商品			长期借款		
生产成本 （在制品）					
流动资产合计			负债合计		
固定资产：			所有者权益：		
厂房			实收资本		
设备			利润留存		
在建工程			当年净利润		
固定资产合计			所有者权益合计		
资产总计			负债及所有者权益总计		

第六年产品核算统计表

项目	Beryl	Crystal	Ruby	Sapphire	合计
销售数量					
销售收入					
销售成本					
毛利					

第六年综合费用明细表

项目	金额	备注
管理费用		
广告费		
维护费		
财务费用		
转产费		
租金		
市场开拓费		□本地 □区域 □国内 □亚洲 □国际
产品研发费		Beryl（ ）， Crystal（ ）， Ruby（ ）， Sapphire（ ）
ISO 认证费		□ ISO 9000， □ ISO 14000
间谍费		
合计		

第六年利润表（简表）

项　目	上年数	本年数
销售收入		
销售成本		
折旧额		
综合费用		
营业利润		
损失		
利润总额		
所得税		
年度净利润		

第六年资产负债表（简表）

资产	期初数	期末数	负债及所有者权益	期初数	期末数
流动资产：			负债：		
库存现金			短期借款		
应收账款			应付账款		
原材料			应交税费		
库存商品			长期借款		
生产成本　（在制品）					
流动资产合计			负债合计		
固定资产：			所有者权益：		
厂房			实收资本		
设备			利润留存		
在建工程			当年净利润		
固定资产合计			所有者权益合计		
资产总计			负债及所有者权益总计		

实验总结

一、实验过程

二、实验经验或教训

三、实验感想

参考文献

［1］徐利飞. 创业者沙盘实训教程--财务管理综合实验用书. 大连：东北财经大学出版社，2017-08.

［2］张斓. ERP 原理与沙盘模拟教程. 北京：企业管理出版社，2018-09.

［3］何凡. ERP 沙盘模拟教程. 西安：西北工业大学出版社，2020-08.